时尚买手

FASHION BUYING

费雯俪 编著

立信会计出版社
LIXIN ACCOUNTING PUBLISHING HOUSE

图书在版编目(CIP)数据

时尚买手 / 费雯俪编著. —上海：立信会计出版社,2017.2
　ISBN 978-7-5429-5324-7

　Ⅰ.①时… Ⅱ.①费… Ⅲ.①服装-市场营销学-高等职业教育-教材 Ⅳ.①F768.3

中国版本图书馆CIP数据核字(2016)第317757号

策划编辑	张　寻
责任编辑	陈　昕
封面设计	包臻隽

时尚买手
Shishang Maishou

出版发行	立信会计出版社		
地　　址	上海市中山西路2230号	邮政编码	200235
电　　话	(021)64411389	传　真	(021)64411325
网　　址	www.lixinaph.com	电子邮箱	lxaph@sh163.net
网上书店	www.shlx.net	电　话	(021)64411071
经　　销	各地新华书店		
印　　刷	上海天地海设计印刷有限公司		
开　　本	787毫米×960毫米	1/16	
印　　张	13.5	插　页	4
字　　数	163千字		
版　　次	2017年2月第1版		
印　　次	2017年2月第1次		
印　　数	1—2100		
书　　号	ISBN 978-7-5429-5324-7/F		
定　　价	36.00元		

如有印订差错，请与本社联系调换

宁波衣芙名典体验店陈列设计

1016配饰集合店

宁波衣芙名典体验店

英国男装品牌的店铺陈列

GUCCI 的橱窗设计

法国品牌 Sonia Rykiel 的店铺陈列

封闭型橱窗——塞尔福里奇百货商店(Selfridge)橱窗设计

英国伦敦塞尔福里奇百货商店(Selfridge)
橱窗设计

序言

近年来,随着服装商品供给丰富多彩、国内消费需求变缓,服装商品供大于求,卖方市场开始转向买方市场,新的经营渠道和模式层出不穷。同时,大量的廉价服装商品面市,使得全球市场竞争日趋激烈,采购与供应模式正在发生变革。针对国内服装零售业态的现状与问题,分析买手制模式,即分析全球领先服装零售品牌如何成功使用该模式解决服装零售业同质化问题,已经成为时尚领域的热点话题。结合我的服装产业实践经验和高校教学科研经历来看,"时尚买手"的需求非常大,但真正能称得上职业时尚买手的却非常少。愈来愈多的服装专业院校或以技术、技能型为培养方针的大学已经意识到服装市场的需求,逐渐在课程设置中加入时尚买手的内容。然而,在我国高等教育教材中,紧缺既符合中国服装市场行情,又能启发学生"critical thinking"的时尚买手教材。

费雯俪老师所著的《时尚买手》为本科服装与服装营销专业的学生，以及希望从事时尚买手相关领域的从业人员提供了一套完善而系统的学习流程。本教材以西方买手体系为参考，论述了时尚买手在服装采购管理中的地位、职能、作用及其所面临的挑战和风险，按照服装买手制订并实施采购计划的工作流程，用步骤分解的方式分别阐述了环境与竞争品牌分析、采购决策及产品开发、供应商联络、视觉营销及促销等内容，以提高针对性与实用性。此外，本教材突破了原有服装教材的著述结构，采用全新的模块制，大量的实战案例和拓展思维能力的练习题可有效提高读者的学习兴趣和学习效果。本教材可以作为专业服装院校的教学教材，同时也可以作为服装设计专业人员及爱好者的参考资料。

前言

　　欢迎进入令人兴奋不已的买手世界！就其本质而言，时尚零售业是充满活力、千变万化的，而时尚买手是所有服装零售企业中的重要岗位之一。一家服装零售企业可能每个季度的商品分类和市场定位会发生变化，事实上有可能每天的商品定价、促销和存货水平都在发生改变。时尚买手身处快速变化的环境之中，每一天都在做关于商品企划的决定。时尚买手的概念源于欧洲，但对于中国的时尚界来说，并不陌生。他们有敏锐的时尚嗅觉和三寸不烂之舌，常常往返于世界各地服装秀场，时刻关注着各种流行资讯，手中掌握着大量订单，不停地与供应商讨价还价，顾客能买到什么东西，往往是由他们来决定的。他们能满足各种消费者不同的需求。时尚买手所从事的行业，最终创造出惊人的市场价值。这些对时尚敏感、能准确判断流行趋势、品位高雅、眼光独到、经验丰富，能够根据市场判断制定畅销商品采购计划并实施采买的人，被称为"时尚买手"。

　　从某种意义上来说，时尚买手是中国各种服装向规模化生产的前行力量，因此"时尚买手"被称为时尚产业中下一个神话的缔造者，并且被誉为现今十大高薪新兴职业之一。由于专业时尚买手的稀缺，北京、上海、深圳等地企业甚至开出 50 万元年薪也难以找到合适的人选。面对巨大的人才缺口，本教材不仅可以作为专业服装院校的教学，还可以作为服装市场培养复合型国际时尚买手专门人才及爱好者参考之用。

  我要特别感谢上海职教集团和立信会计出版社有限公司的各位领导，感谢他们对这一研究课题的支持与帮助。另外，我还要感谢上海杉达学院领导、上海国际时尚教育中心领导、上海杉达学院时尚学院领导，以及时尚学院的全体教职员工对我的关心与帮助。此教材参阅的著作与文章甚多，我尽可能在各个模块中注释，并在本教材最后的参考文献中作了说明，若有所遗漏，在此一并表示歉意。对于所有对此教材写作有帮助的专家学者，我均表示诚挚的感谢。若此教材有不足之处，恳切希望各位读者，尤其是服装学术界的前辈、新锐及广大同仁赐教，那将是笔者倍感欣慰之事。

费雯俪
2016 年秋　伦敦

目录

1	**模块一**	**时尚买手概述**
3	基础知识	时尚买手的产生与发展
		时尚买手的职能要求
		时尚买手与采购的区别
9	拓展与提高	服装企业买手模式
15	情景案例	全球最具特色的时尚买手店
18	分析与运用	

19	**模块二**	**流行趋势与销售预测分析**
21	基础知识	流行趋势预测
		销售预测
43	拓展与提高	计划存货水平
		确定库存周转率
47	情景案例	购物篮分析:顾客在商店怎样购物
49	分析与运用	

51	模块三	实施采购计划与存货控制
54	基础知识	采购前的准备工作
		制定采购计划
		实施采购计划
101	拓展与提高	采购限额计划
105	库存控制	
107	情景案例	个体买手的小型服装集合店运营轨迹
114	分析与运用	

117	**模块四**	**视觉营销与促销推广**
119	基础知识	视觉营销的概念
		视觉营销的产生与发展
		视觉营销的目的与作用
		橱窗与店铺陈列
		商品促销活动
		制定促销计划
		促销评估与协调
153	拓展与提高	VMD中的陈列企划
164	案例分析一	优衣库的视觉营销企划
173	案例分析二	Victoria's Secret：运用网络作为促销工具
175	分析与运用	

177 **模块五 时尚买手的职业生涯**
时尚买手的职业资格
不同类型的时尚买手岗位
时尚买手的职业规划
时尚买手的求职方法
应聘面试技巧

191 **附录**
193 附录一 全球知名时尚买手店
198 附录二 国际时尚流行网站
199 附录三 时尚买手专业术语解析
205 **参考文献**

模块一
时尚买手概述

学习要点及目标
- 学习时尚买手的基本术语;
- 学习和掌握时尚买手与采购的区别,为制定采买计划做准备;
- 理解时尚买手店的运作模式及与时尚买手的关系;
- 培养国际时尚视野和分析服装市场的能力。

基础知识

一、时尚买手的产生与发展

买手(buyer)作为职业,起源于20世纪60年代的欧洲。按照国际上通行的说法,买手指的是往返于世界各地,时时关注最新的流行信息,手中掌握着大批量订单,不停地与供应商联系,组织商品进入市场,满足消费者不同需求的人。他们关注时尚商品的采购,尤其是服装的采购,但在服装的采购过程中会涉及更为广泛的商品,如鞋袜、装饰物,这些商品几乎左右着消费者的行为。例如,服装市场在英国经济中占有重要地位,2005年其销售总额达到356亿英镑(《零售报告》,Retail Intelligence,2006)。而在国内,买手相对还是一个新生事物。但是,现在是从制造向市场转变的一个时期,由生产制造的低附加值主导,向零售终端的高附加值转变。中国式买手的出现必然会有其产生的土壤和特殊的中国产业环境。而时尚买手在服装市场的发展与产品的销售过程中起到关键性的作用。

时尚买手应该具有多方面的产品销售和采购知识,同时具有与他人沟通的能力和团队意识,一个成功的时尚买手还应是一个有耐心与热心的人。这个职位一直出现在奢侈品企业以及服饰企业中。服装买手负责一个品牌不同季节的货品采买、货品质量把控、货品销售途径、销售数据把控,以及库存量的平衡。服装买手也是时尚买手,是目前被媒体以及各行业热推的时尚职业。在国外,服装买手很多都是时尚博主,他们分享穿衣经验以及超越了流行发布趋势的时尚眼光。

对于一个企业或一个品牌来说,买手是其商业成败的关键人物,他们主宰着企业或品牌本季和下季货品,是企业或品牌利润的创造者。而在中国,最早的买手模式是在香港,连卡佛的买手制一直受到香港中产阶级的喜爱。近几年,连卡佛进入中国市场,让大家了解到买手百货制的形式。不同企业经营形式的采买任务也是有区别的。例如,大型零售商、连锁店、精品店等。在国内,近几年才有买手这一职业,但企业往往无法找到合适的人选。

二、时尚买手的职能要求

时尚买手的职责因公司而异,但是所有的服装买手都会监督一系列产品的研发,这些产品有其特定的顾客群及价格范围。时尚买手有必要熟悉产品的目标顾客群,这样才有益于商品的销售。大多数时尚买手在职业伊始会先从一个助理或是受训者做起,这会对以后的买手工作起到一定的辅助作用,以保证日后能胜任买手工作。由于零售商的实际管理与时尚买手所经历的受训内容可能有所不同,积累丰富的经验对时尚买手来说是大有益处的。买手的职责多种多样,通常取决于零售商的销售规模。采购团队通常是由采购经理或主管直接管理员工,并与其他高级管理人员协调采购及宣传策略,同时对采购范围进行全面监控。简而言之,时尚买手会针对特定的公司,特定的产品市场去选择一系列产品,如大量的女性休闲装或女性内衣。时尚买手的工作包括以下十二个方面。

1. 把握市场

时尚市场因为具备时尚流行的属性而与众不同。时尚买手对时尚流行、地域消费文化、地区经济水平,都需要了解,需要掌握一些数据和历史资料。这些资料的来源主要是权威机构、权威媒体发布的市场数据、流行资讯,以及参加各种重要的展会和贸易活动。时尚买手在关注这些市场信息的同时,应了解同行业经营者的动态。

2. 预测流行趋势

时尚买手通过对以上数据和信息的把握,进行分析,结合丰富的案例操盘经验,预测出下一季畅销商品的颜色、款式、面料和配饰等信息。

3. 参与设计环节

时尚买手必须常常往返于世界各地的时装发布会和订货会,随后,时尚买手与时装设计师分享、分析收集的信息资料以及预测结果,帮助设计师设计出符合下季市场消费需求的服装产品。

4. 选择供应商

时尚买手应熟知服装的面料、流行趋势,服装的设计要点、加工工艺及流程、周期等。时尚买手取得样本后,应选择适合的供应商。

5. 组织商品供货与生产

时尚买手与设计师一起向供应商提出具体的商品要求,沟通产品的细节问题,比如款式、颜色、图案纹理等,确定价格。

6. 制定商品计划

时尚买手与商品企划(计划)人员沟通,决定某些款式商品的采购规模与数量,这些结果根据企业的经营业绩与财务状况决定。时尚买手需在正确的时间以正确的数量采买正确的商品。

7. 选择生产型供应商

除了具有物流渠道、贸易资源或者特许经营权的渠道供应商之外,时尚买手要在全世界寻找具备低成本、高质量的生产型供应商,以便厂商们提供样本供时尚买手评价与选择。

8. 监督生产和物流(跟单)

商品计划部门要监督厂商的工艺质量,货品运输与流通是否通畅,物流配送能否跟上企业零售计划和意外填补。

9. 终端推广

经过商品的预测、设计、计划、组织生产、物流配送后,商品即将被推到终端店铺一线,与顾客面对面。时尚买手与市场营销部门的配合必不可少,新品手册、公关活动、店铺陈列等工作都要时尚买手一一落实。

10. 联合培训

时尚买手掌握着新上市商品的全部信息,需要掌握新品的一切特征和卖点、注意事项,以及关注陈列方式、橱窗设计等,关注店面的陈列和销售,陈列是否符合本季主推等,销售数据与本季产品各类订货量是否成正比;理性地分析市场各项数据,并从中得出下季销售预测和订货量;通过培训和会议的方式,向市场部所有零售人员传达,以保证顾客得到完美的品牌价值。

11. 收集销售数据与处理问题

令人兴奋的火爆销售,是时尚买手开展下一次成功操盘的基础。对成功的销售数据总结分析,可以为时尚买手的工作提供更大的安全系数;同时,在滞销和断货等不同情况下,调节物流配送、调换平衡店铺货品,就成为了时尚买手更重要的救火任务。

12. 总结全盘经验、再接再厉

时尚买手应在商品销售季节结束后,总结收集到的数据、出现的情况与商品计划部门、市场营销部门一同交流经验和讨论问题,在处理剩余货品和补充量款的同时,计划下一季度的时尚买手任务。

三、时尚买手与采购的区别

如果拿足球队来比喻时尚买手的话,那么时尚买手就是一支球队中的中场队员。对其他足球队员的要求有时要特别冷静,有时又要特别机灵,随时准备为整个团队擦出灵感的火花。时尚买手的第一职责是为企业买到最适合销售的商品。这里所说的商品的概念不仅包括款式、花色,同时还包括合理的数量和尺码分配、版型等。时尚买手除了跟单环节的大规模采购外,还将负责或参与市场考察、信息采集、产品设计与开发提案、单件或较少件数新款服装或样衣的采买。这种采买往往依据时尚买手自身对市场流行趋势、上一季度的销售数据以及客户需求的把控,并且依靠时尚买手自身独具的、灵敏的时尚嗅觉和较高的专业素养作出综合判断,带有较强的自主性与创新性,引导甚至创造需求。

时尚买手与采购的区别表现在:采购通常是指通过商品交易手段把所选对象从一方转到另一方的活动。因此,采购是指在一定的时间、地点条件下通过交易手段,实现从多个备选对象中取得能满足自身需求物品的活动过程。采购有广义和狭义两种概念。狭义的采购是指企业根据需要提出采购计划、审核计划、选择供应商、经过商务谈判确定价格和交货条件,最终签订合同并按要求收货付款的过程;广义的采购是指除了以购买的方式占有物品之外,还可以通过其他途径取得物品的使用权,来达到满足需求的目的。

此外,采购做的事情常常只是采买的工作,比如一个生产型的服装企业的采购,采购的工作就是为企业采购需要生产的面料,以及生产中所需的所有辅料。通常企业只是根据自身的需求从多个对象中选择自己所需的服装类产品,这时采购往往是大批量的,并且用于直接销售。传统采购员的工作在多数情况下带有较大的职能性。采购经理的职责是完全围绕生产过程的,而时尚买手的意义则不仅仅是采购。

一般情况下,服装采购员及时尚买手的职责比较如表1-1所示。

表1-1 时尚买手与服装采购员的职责比较

职责	时尚买手	服装采购员
市场信息把握,流行趋势预测	重要	一般
新款服装的采买	重要	一般
参与产品设计与开发,商品企划,商品定价	重要	一般
知道大批量成衣采购计划	重要	重要
大批量采购实施	重要	重要
店铺管理	重要	一般
销售信息反馈与收集	重要	一般

需要指出的是:目前国内服装企业,时尚买手的工作已涵盖服装采购员的相关领域,出现了职能交叉,特别是在成品大批量采购环节,时尚买手与服装采购员的职责范围大致相似。也有人把时尚买手比喻成在服装生产、设计与终端零售之间的桥梁,因此,时尚买手还必须对商品和商家的销售特征了如指掌,把自己买回的这盘货合理地分配到不同的商场,取得销售利益的最大化。作为一名合格的时尚买手,必须清楚每款衣服适合销售的地点,这样才能更好地完成时尚买手的采买计划。总的来说,传统意义上的采购是不负责销售的,但销售运营对时尚买手却是个非常重要的工作。时尚买手正是根据市场对货品销售反馈来制定、调整买货计划以及库存的。

拓展与提高

服装企业买手模式

时尚买手的产生是适应现代市场发展与需求的结果。狭义的时尚买手主要任务是负责为一个或多个服装品牌采买商品;广义的时尚买手则要为企业产品设计、开发及商品企划提供依据,并在此基础上制定批量服装的采购和销售计划,同时参与品牌的宣传、产品定价、店铺管理、商品促销等多项工作。时尚买手往往带领着一个团队,每一项工作环节由不同职能的员工分工完成;时尚买手团队工作的顺利执行需要其他相关部门的支持与配合。因此,欧洲许多服装企业开始实行买手制的运营管理模式。

买手运营模式是一种全新的企业运营模式,它的组织构架是以企业买手的工作沟通协调为主,而不是传统服饰企业那种单一固态封闭式的组织构架。与企业传统经营模式相比较,买手模式强调运用信息技术、产品研发等各种资源,是对物流配送、终端市场等运营方式进行全新整合的一门科学。企业运用这一模式,引入买手机制,以买手为中心进行产品开发和运营,通过买手与企业其他部门相互配合、协调,促进服装企业战略和战术经营高效运作。

在实务操作上,时尚买手位于整个企业的核心地位,所选择的国际服装品牌直接反映了店铺内销售货品的市场定位、风格,代表着企业的整体形象。一般来讲,需要具备以下条件:

(1)品牌组合——拥有超过300余个国际设计师品牌;超过10个自创或特许品牌。

(2)多元化顾客群——出售一系列不同零售价格并以不同顾客群为对象的时尚服饰。

(3) 多品牌大型服装店概念——在大型零售店铺中售卖多个品牌。

(一) 连卡佛

奢侈品百货公司连卡佛(Lane Crawford)成立于1850年,在大中华区域内提供来自诸多国际设计师的女装、内衣、男装、鞋履与配饰、珠宝、化妆品、家居和时尚生活用品以及高级珠宝品牌。连卡佛的零售概念与设计、创意活动以及视觉陈列在业内首屈一指。连卡佛创新的店内环境将时尚、设计、艺术及音乐完美融合于一身,加之不断升级和优化客户体验的个性化服务,成为业内权威。

2013年9月,连卡佛在上海开设了其在中国最大的旗舰店。上海旗舰店由连卡佛与国际知名建筑事务所Yabu Pushelberg合作设计。Yabu Pushelberg与连卡佛合作设计过4家门店。上海旗舰店采用了现代画廊的设计方法,使得全店成为一个充满活力、具有开创性和不断变化的整体环境。该旗舰店共4层,占地14 000平方米,汇聚设计师时装、美容以及生活用品等500余个奢侈品牌。

上海旗舰店还带来创新性饮食理念,令消费者在难忘的体验中乐享连卡佛高度个性化和无与伦比的服务。作为连卡佛线上线下无缝商业策略的一部分,上海旗舰店和连卡佛网上商店融为一体,为顾客提供店内和在家购物的无缝体验。顾客可以在连卡佛网上订购商品,之后在上海旗舰店内的"网上购物礼宾部"取货或退货。这样的服务在中国市场上难得一见。另外,上海旗舰店内还有约278平方米的名为The Hub的特色空间,专门展示创意作品。The Hub通过在店内展示新兴设计师和艺术家的作品,促进创意人才的成长和发展。

(二) I.T 集团

另外一家使用买手制的服装企业便是赫赫有名的 I.T 集团,I.T 源于 1988 年在香港开设的 Green Peace 店铺(面积 200 平方米),率先引进当时在香港不甚知名的若干欧洲服装品牌。1997 年,Green Peace 易名 I.T(Income Team,赚钱团队)。2005 年,I.T 在香港联交所上市。

根据历年年报显示,I.T 集团销售总额自 2006 年至今均保持不同程度的增幅。其中,由于受 2008 年全球性经济危机的影响,2009 年销售总额同比增幅较小,为 9.60%。

I.T 集团旗下的众多品牌,以款式前卫、多元化和引导潮流著称,适合不同年龄和风格的消费者需求,服装品类从国际高级女装到席卷亚洲的日本年轻潮流品牌一应俱全,采用多品牌大型服装零售店的经营模式。

I.T 集团旗下的进口业务主要分为英文大写 I.T(俗称"大 I.T")和英文小写 i.t(俗称"小 i.t")两大类别。在香港 I.T 店铺的品牌大部分来自世界各地的顶级品牌,如 A.P.C、Gareth Pugh、Helmut Lang、Hussein Chalayan、Viktor & Rolf、Tsumori Chisato 及 ZUCCA 等。在内地 I.T 店铺,同时销售 Alexander McQueen、Balenciaga、Chloe、Stella McCartney、Y's 及 YSL 等品牌。i.t 以销售日本年轻时装品牌为主,为想要展现个性的年轻人提供自我创意空间。

I.T 集团也代理国际知名品牌开设的专卖店。在香港中环有 Ann Demeulemeester, A Bathing Ape, Billionaire Boys Club, Comme des Garcons, Maison Martin Margiela,日本潮流品牌 visvim 和 Neighborhood 等服装品牌专卖店。2010 年 7 月,I.T 集团在中环雪厂街为英国设计天才 Gareth Pugh 开设首间专卖店;同年 8 月,在位于中环的云咸街开设日本品

牌 SOPH. 香港专卖店。此外，I.T 集团还推出自有品牌 izzue，b+ab，Chocoolate 等，为消费者提供时尚且质优价廉的服饰。

对于 I.T 来说，产品开发或货品部买手位居企业核心，相关的市场部、销售部、培训部和经销商部协同他们进行工作。由于 I.T 需要同时采买 300 多个国际品牌和 10 多个自有及授权品牌的服装货品，因此运作团队按照不同业务功能划分，主要分为：大小 I.T 买手团队和自有品牌开发团队。

1. 买手团队

根据品牌划分和营销计划，一个买手负责一定数量的品牌，每年定期参加品牌订货会并下单采购。而对买手的要求除了经验外，是否理解年轻人文化是另一项重要的录用标准。比较特殊的是在国际品牌选择上，主要依靠公司 CEO 的眼光。据报道，CEO 夫人经常前往欧洲挑选品牌，凡经过她试穿认可的品牌，大多符合香港人的口味。

2. 自有品牌开发团队

每个自有品牌都有一个工作团队，根据品牌规模，不同团队人数不等，一般以五六个人为主，其中不乏担任样衣买手职责的人员。

I.T 在市场上知名度很高，但广告投入并不大。根据年报显示，2008 和 2009 年的广告及宣传费用分别占销售总额的 1.1% 和 1.9%，之前各年的比例系数均低于 1.5%。相对一般品牌 3% 的广告投入比例，I.T 取得了更显著的推广效果。这主要有两方面原因：首先，得益于买手团队所采购品牌本身的知名度，I.T 引进的如 CDG，Alexander McQueen 等在潮流青年中本身就具有较高的知名度，无需宣传就能引起媒体和消费者的广泛关注，这无疑是多品牌服装零售商迅速占领市场的一条捷径；其次，与 I.T 集团上至老板，下至市场部员工的 PR（公关）

能力有关。I.T员工对自家品牌的十分重视和喜爱,从内到外的自我表达和口碑效应是最佳的推广方式。

大I.T主要通过高端时尚杂志进行推广,如借服装给杂志拍摄平面广告,而独家代理品牌KENZO等会选择部分杂志少量投放广告。自有品牌则会挑选一些杂志打包软文加硬广告。I.T面向媒体的推广活动主要有新店开幕庆祝酒会、代理品牌年度展览、公司杂志(Post)的制作和发放等。在自有品牌宣传上,主要采用邀请明星(如张曼玉等)担任代言人等方式。

(三) ZARA

国外时尚买手模式运用较早并获得成功的是成立于1975年的西班牙品牌ZARA。在引进买手模式不到10年的时间里,ZARA已迅速成长为全球一流品牌,跻身于世界三大服装零售品牌之列。在全球56个国家内,ZARA设立超过2 000多家的服装连锁店,规模浩大,完全不逊色于美国第一大连锁品牌GAP,而且其2004年的获利率比GAP多出3.5%,其成功之因,有赖于无懈可击的经营模式:买手服装经营模式。

ZARA通过以下几个方面进行改制。

1. 产品开发模式的改制

基于买手模式下的产品开发是一种设计师与买手相互协调的开发机制。ZARA在开始的时候也是完全由设计师进行闭门造车式的产品开发,使企业的产品开发得不到市场的认可。在引入买手运营模式后,由买手担当产品开发的主要信息供给者与产品开发的主要角色。ZARA对那些新进入服饰设计师角色的设计师进行自主产品开发,以补充买手在产品款式开发上的不足。

买手的职能在ZARA体现在三种开发职能:一是收集新产品开发的信息与时尚因素,将这些未完成产品的最终设计信息发回企业设计部门,由设计师进行款式的加工修改,最终完成产品的开发;二是自己独立完成产品款式的开发,直接将开发的产品发送到自己的加工厂或外协加工厂家,完成产品生产,款式图与款式信息发送公司产品开发部与协调中心进行备案;三是利用贴牌厂商的产品开发成果进行产品的批量采购,这也完成了买手的产品开发职能。

ZARA 设计师的工作职能有三种:一是在买手收到的信息基础上进行款式的加工修改,完成产品的开发工作;二是自己进行产品的开发,以补充 ZARA 原有的西班牙品牌风格;三是收集与整理产品开发的信息资料,对信息资料进行管理与维护。

2. 改进企业物流配送体系

ZARA 的产品上市几乎是全球同步的。这主要来自于 ZARA 对自己物流配送体制的改进。ZARA 采用买手企业物流的运作机制,使自己的产品很好地做到了快速上市。ZARA 组织了不同的配送中心,这些配送中心分别属于不同的国家,重点是这些配送中心都十分接近自己的重点销售市场与加工协作厂商。这样就会使自己的物流快速有效。同时,先进的配送设备也使自己各地店铺的库存量得到最直接的反馈。物流数据的共享使货品的销售量与库存量都会直接地反映在物流当中,便于物流的调配与使用。

3. 改善终端店铺运营模式

服饰企业一般都是传统的销售模式与坐等式销售。在对 ZARA 终端店铺进行买手模式改制后,使其从原有销售额当中猛增至 20 亿元。买手终端店铺模式就是积极培训店铺卖手、店铺销售师、店铺买手,让他们形成统一品牌模式下的不同运营方法,使各店铺的产品与销售模式都得到了最大化的增长。

4. 企业整体运营制度与考核体系的改制

ZARA 制度改制的重点是进行了企业与外协企业的协作制

度改进、企业内部各部门协作制度改制、各部门与买手的协作制度，以及其他用于企业运营的制度体系。考核机制在买手制度当中最具有特点，它将企业不同的部门、不同的工作人员的工作进行量化执行，使公司每一个人都能够明确自己1天之内所要完成的工作量，对突发性工作量的分摊等都具有明确的工作指标与调配办法，使公司的整体运营达到了最直接的考核。

这些方法组成了ZARA的买手运营模式。可以说，服饰企业买手运营模式已经是服饰品牌进行洗牌的主要企业运营模式。ZARA改制后的各部门完全没有了过去的那种沟通协调障碍，呈现在企业每个部门、每个员工面前的是企业各种数据的灵活使用，不仅加快了协调的速度，也实现了高效的企业运营。

总之，不断完善买手模式，才能实现以消费者需求为核心，为企业带来高附加值的目标。

情景案例

全球最具特色的时尚买手店

全球最具特色的时尚买手店之一Dover Street Market坐落于英国伦敦的New Bond Street，Old Bond Street及Dover Street一带，是由一栋楼高六层的乔治亚时代式的古旧建筑物改装而成，外形方面以伦敦没落的Kensington市集为设计理念，目的是将平民、市集与高贵的时装品牌形式强烈的对比，如图1-1所示。

Dover Street Market创始人川久保玲（Rei Kawakubo），这位"另类设计师"在潮人心目中的地位至高无上，她最重要的贡献不仅是她的品牌"Comme des Garcons"（法语"像男孩一样"，简称Comme），更在于她提携了众多日本设计师，例如渡边淳弥（Junya Watanabe）、高桥盾（Jun Takahashi）的Undercover 和粟原大（Tao Kurihara）的 TAO 等，如图 1-2 至图1-4 所示。

图 1-1　时尚买手店 Dove Street Market（伦敦店）

图 1-2　时尚买手店 Dove Street Market（纽约店）

图 1-3 时尚买手店 Dove Street Market 女装陈列（伦敦店）

图 1-4 时尚买手店 Dove Street Market 男装陈列（伦敦店）

时尚最终是要卖产品的，而店铺则是达成交易的场所，川久保玲通过"Dover Street Market"和"Comme des Garcons guerrilla store"将零售变得有趣。更多全球最具特色的时尚买手店见附录一。

分析与运用

1. 大量的出差机会应视为时尚买手工作的积极特点还是消极特点？请分析。

2. 随着计算机技术在零售机构中的应用，预测一下时尚买手的工作将如何产生变化？

3. 30年后，零售业是否还需要时尚买手？请分析。

4. 请讲述商品经理的工作职责。

5. 假设你在应聘一份时尚买手的工作，说说你怎么让面试官知道你热情、有远见卓识、有制定目标的能力？

6. 访问本地零售店里负责商品买货的人，提出类似文中所列出的问题，确定这份工作所需的个性特点和条件，以及工作职责。在课堂中，与其他同学一起比较并分析你的调查结果。

模块二
流行趋势与
销售预测分析

> **学习要点及目标**
> - 认识时尚买手如何识别消费者趋势以及如何预见市场环境的变化;
> - 学习和掌握时尚买手对流行趋势和销售的预测;
> - 理解进行销售预测的步骤和存货需求预测的方法;
> - 培养学生定量分析的能力。

基础知识

一、流行趋势预测

预测(forecasting)是指推测在一系列指定的条件下消费者会做什么。时尚买手的工作内容之一是为下一季进行流行预测,找到合适的产品范围并确定其潜在消费者,通过市场调研与分析,预测下一季服装商品的颜色、面料和款式,并为制定商品企划和时尚买手计划提供科学依据。因此,对时尚买手而言,具备流行趋势预测的能力显得尤为重要,时尚买手需要提前预测出消费者的购买倾向。流行预测并非仅仅是一种简单的猜测或是看几场当季的服装秀就能判定下一季的流行趋势。时尚买手主要是通过观察各种流行信息源来进行流行预测而非凭空编造,一方面他们能从各类纷繁的信息中梳理出有价值的信息,另一方面还需通过自身观察把握大众认可的流行信息。时尚买手将这些预测信息进行整合的灵感来源主要依赖于零售商的战略性预测和产品的潜在消费者。流行信息中包含服装款式、型号、细节、装饰、面料和颜色,等等。

流行趋势预测(fashion forecasting)是指在特定时间,根据历史经验,对市场、经济以及整体社会环境等因素进行专业评估,以推测可能的流行趋势的活动。策划师、设计师与时尚买手等开发团队经过市场调研,依据现实和潜在消费者的需求,为下一季的产品进行流行预测,拟定符合品牌理念的色彩、面料和辅料、款式以及配套饰品的产品提案。

1. 流行趋势预测组织和刊物

国际流行色预测由总部设在法国巴黎的"国际流行色协会"发布。国际流行色协会各成员国专家每年召开两次会议,讨论未来18个月的春夏或秋冬流行色并提案国际流行色。国际流行色协会通过对各成员国提案的讨论、表决,选定一致公认的三组色彩为未来季节的流行色,并进一步细分为男装、女装和休闲装流行色组块。国际流行色协会发布的流行色定案是由专家靠直觉判断进行选择的。西欧国家的一些专家是直觉预测的主要代表,特别在法国和德国,这些专家们一直是国际流行色业界的先驱,对西欧市场和艺术有着丰富的感受,以他们个人的才华、经验与创造力设计出代表国际潮流的色彩构图。这些直觉和灵感的表达通常得到其他代表的认同,同时也被世界同行接受。表2-1所示为世界主要流行色组织和机构。

表2-1 世界主要流行色组织和机构

其他国际性研究、发布流行色的组织和机构主要有: 国际色彩权威 Internatinal Color Authority 国际纤维协会 Internatinal Fiber Association 国际羊毛局 International Wool Secretariat 国际棉业协会 International Institute For Cotton
其他还有一些世界级的大公司也发布流行色: 美国棉花公司 Cotton Incorported(美国) 杜邦 Dupont(美国) 拜尔 Bayer Dralon(德国) 蓝精 Lenzing (Lyocell&Modal)(奥地利) 阿考迪司 TENCEL(英国)

在巴黎、纽约、米兰、伦敦和阿姆斯特丹等时尚之都,有专业的流行趋势预测公司定期发布关于时尚流行的刊物。这些刊物主要是布面装订的印刷品,以图片为主,如服装效果图、流行色板以及面料或是纱线种类等。其中,最为著名的流行趋势发布的公司有法国Promostyl流行趋势研究工作室和法国娜莉·罗荻(Nelly Rodi)公司。图2-1为《PROMOSTYL》2015—2016年秋冬女装流行趋势预测图。图2-2为2016春夏女装色彩趋势与灵感来源。另外,还有WGSN,Fashion Snoops,中国纺织信息中心等权威的流行趋势预测机构对下一季面料、色彩、服装廓型等相关预测内容进行发布。巴黎、米兰、东京等主要时尚中心城市时装发布秀场、各类展会活动、各种时尚媒体(如报刊、网络、电视等)、时尚传播机构发布的最新资讯,都可以作为预测时尚流行的参考。图2-3和图2-4为2017年春夏女装流行趋势预测。

图2-1 《PROMOSTYL》2015—2016年秋冬女装流行趋势预测图

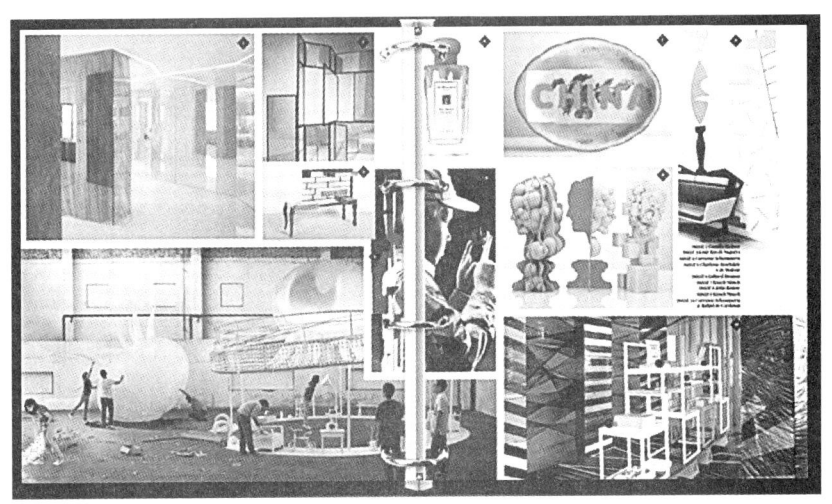

图 2-2 2016 春夏女装色彩趋势与灵感来源

图 2-3 2017 年春夏女装流行趋势预测图(WGSN)

图 2-4 2017 年春夏女装款式流行趋势图

流行趋势预测公司的职员通常由设计师团队组成,他们主要是从设计层面出发,根据街头流行文化、社会文化元素、电影和其他流行趋势进行预测。随着社会经济、文化和人们生活节奏的不断变化,时尚传播网络媒体日趋发达、信息技术高速发展,时尚流行的周期日益缩短,新的流行趋势源源不断地被时尚先驱人士引入消费者的感知范围和消费环境之中。消费者不断追逐新的流行趋势,给商家提供了更多机会拓展新的市场,开发新的产品,同时也带来一定的压力和挑战。

流行趋势发布与国际流行色预测相同,通常比正式的销售季节提前 18 个月,每 6 个月出版一次。这些刊物分为不同种类,如男装特刊、女士内衣或针织物类特刊等。其中,诸多信息对服装产品的设计开发和生产经营有着重要的指导意义。一些专业杂志,如中国的《国际纺织品流行趋势》(International Fashion & Fabrics View)、《纺织研究》(Textile View)等也会发布近期的流行趋势,主要关注服装面料和色彩等。这些刊物虽然没有专业预测刊物详尽,但还是能为大多数时尚买手提供某一阶段的基本流行信息,并且这些刊物在一些主要服装原产地或代理商所在城市都可以买到。当然,流行趋势预测同时也源自时尚买手积累的丰富工作经验和其自身对时尚的敏锐感知能力。

2. 服装展会

服装博览会通常每6个月举办一次,其范围覆盖所有的服装产业。时尚买手会根据自己的产品和潜在市场的情况参加相关产品领域的交易会。国际服装界最负盛名的服装面料交易博览会是每年3月和10月在巴黎举办的法国第一视觉面料展(Premiere Vision,PV)。如图2-5和图2-6所示,在展览会中会有成千上万的面料制造商和代理商展出其最新款式的面料系列。同时,一些参展商还会在中心展示区展出相关面料样品和色彩预测样品,还会有专门的视听展示会详细解释流行趋势。服装博览会还设有专门的展区向观众展示印花商的新产品。许多零售商和制造商将参加PV面料展的机会作为其开发新季服装的开始,因为春季博览会囊括了春夏季的所有面料款式,而秋季

图2-5 法国第一视觉面料展(Premiere Vision, PV)

图 2-6　法国第一视觉面料展内景

博览展示来年的秋冬面料。PV 面料展通常是从周五持续到下个周一,针对不同的市场需求还会有各种专门的交易会,如巴黎国际内衣展(Salon International de la Lingerie)和内衣面料展(Interfiliere)。这两个展览会在巴黎每年 1 月份同时举行,同期开幕的展览会还有童装展(Mode Enfantine)和巴黎国际鞋展(Salon International de la Chaussure)。由于服装的设计和生产会首先涉及纱线的选择,因此每年时尚买手会先到佛罗伦萨观看国际纱线展览(Pitti Filati)。

此外,还有许多专门的女装展会。这是占有服装市场份额最大的一个板块,通常按年龄、生活方式和价格进行分类。在英国,大牌设计师的作品要在伦敦时装周的 T 台上进行展示(如图 2-7 和图 2-8 所示);中档市场的女装会在伦敦国际女装展中展出;男装、女装、鞋以及配饰则会在英国伯明翰国际时尚展中展出。英国的这些服装展览会目前已经发生了很大变化,有一些展览近年来不再举办,取而代之的是一些新的展览会。服装博览会一般只针对服装界专业人士,如时尚买手、设计师和销售人员。此外,还会允许一部分学生参观。

图2-7　伦敦时装周T台秀

图2-8　伦敦时装周品牌成衣秀

在中国,规模最大的服装展会是中国国际服装服饰展览会(CHIC),每年3月和9月在上海举行,内容包括服装流行趋势发布、品牌发布、各类论坛等。图2-9和图2-10为中国国际服装服饰博览会部分展会图片。

图2-9　中国国际服装服饰展览会(CHIC)

图2-10　中国国际服装服饰展览会(CHIC)

服装展会门票一般是参展商免费发出的,但是进入展会现场还会收取一定的入场费。随着服装品牌的流行信息、时尚文化的传播网络越来越发达,以完善市场功能、树立品牌形象、帮助企业拓展市场为目的的各种服装博览会、交易会也越来越多,范围覆盖整个服装产业。服装展会设有专门的展区,供面料和辅料制造商、服装供应商和代理商展示最新产品。时尚买手根据自身产品和潜在市场的需求,与面料和辅料供应商或服装供应商接洽,选择适合自身品牌需求的供应商或货品。同时,一些参展商会在中心展示区展出流行面料样品或色彩预测样品,并结合专门视觉传播工具,演示或诠释流行趋势。期间,有些服装供应商还会举办服装发布会,以吸引更多的买手型代理商或经销商。

3. 品牌服装秀与高级服装展

每年,在各种时装发布会期间,不难捕捉到时尚买手奔走于各个品牌新品发布会或服装秀场的身影,他们需要在各种时尚流行信息发布活动地、服装设计机构、世界各大时尚购物场所和主要的时尚中心城市频繁出现,及时接触和关注时尚动态,尽快将信息汇总分析并反馈至公司,为设计师设计开发产品提供重要参考内容和为产品企划相关人员提出指导性建议。

来自服装零售商,如纽约博洛茗百货(Bloomingdale's)和伦敦夏菲·尼高百货(Harvey Nichols)的时尚买手会受邀参加米兰、巴黎、纽约和伦敦的时装周,因为他们是上述时装周的主要消费群代表。主要时尚城市的服装商店及街区如表 2-2 所示。

而其他市场采购商则没有机会参加这类展会,但他们还是能通过各种渠道获得服装展会及流行趋势的相关信息。T 台上拍摄的照片会在成衣上市前在杂志中进行详细介绍,这些杂志主要有 Collezioni,还有专门报道女装产品的《服饰与美容》(VOGUE)、《嘉人》(Marie Claire)和《世界服装之苑》(ELLE)等。firstview.com 网站和世界时尚资讯类网站也会进行相关报道。服装电视台也会通过卫星频道和其网站进行 24 小时全球报道。许多时尚买手会和采购团队及其设计师或是他们的主要供应商的设计师一同去这些时尚城市寻找灵感(详细内容请参考附录二)。

表 2-2　主要时尚城市的服装商店及街区

城市	服 装 店	街 区
伦敦	塞弗瑞吉百货公司(Selfridges) 自由百货(Liberty) 哈维·尼克斯商场(Harvey Nichols) 哈洛德百货(Harrods)	庞德街(Bond Street) 诺丁山(Notting Hill) 武士桥地区布朗顿路(Bromptom Road)
米兰	复兴百货商场(La Rinascente)	米兰拿破仑街(Via Montenapoleone Manhattan) 史皮卡大道(Via dellaSpiga)
纽约	梅西百货(Macy's) 博洛茗百货(Bloomingdale's) Henri Bendel 精品店	曼哈顿(Manhattan)
巴黎	老佛爷百货公司(Galeries Lafayette) 巴黎春天百货(Au Printemps) 玻马舍百货公司(Bon Marche)	塞纳河左岸(Rive Gauche left Bank)
东京	银座三越百货 新宿伊势丹 丸井百货	表参道(Omotesando Street) 银座(Ginza) 竹下通(Takeshita Street)

采购周期在一定程度上是跟着设计师的发布会走的。几乎所有的服装公司都有设计师,雇佣设计师的费用一般是服装产业链上最昂贵的一个环节。服装设计师每年会开两次服装发布会,其作品主要分为两大类,即高级服装展和成衣展。大众市场的时尚买手不能参加高级服装展,这些服装都是通过高级服装店直接销售给消费者的。高级服装展是在 19 世纪末 20 世纪初发展起来的,20 世纪 50 年代达到顶峰。然而,到了 20 世纪末,

其影响力逐渐下降，目前已不再是流行风向标的主要信息源；相反，成衣展越来越有影响力。在整个时装界，即便是在高档零售商不断改变其经营范围的前提下，每年的秋冬季和春夏季服装展仍然是流行趋势的主要支柱。

高级定制服装(haute couture)有时会被人误解为是一个泛指。从严格意义上来讲，高级定制服装是指在法国巴黎由专门设计师制作的服装，官方的高级定制品牌只有十几个，但也有几个来自其他国家的知名奢侈品品牌，例如意大利品牌 Armani，Valentino 和黎巴嫩品牌 Elie Saab。近几年，法国总部也会邀请一些优秀的设计师品牌参与每年的高级定制服装发布会。高级定制服装品牌如表2-3所示。

表2-3 高级定制服装品牌

haute couture		
RESIDANTS/Offical and French members	CORRESPONDANTS/ Foreign menmbers	INVITES/Guest members
Adeline André	Elie Saab	Masion Rabih Kayrouz
Anne Valérie Hash	Armani	Alexis Mabille
Atelier Gustavolins	Valentino	Alexander Vauthier
Chanel	Versace	Iris Van Herpen
Christian Dior	Giamattista Valli	YiQing Yin
Christophe Josse		Bouchra Jarrar
Franck Sorbier		Julien Fournié
Givenchy		
Jean Paul Gaultier		
Maurizio Galante		
Stephane Rolland		

真正意义上的高级定制服装是依据消费者的个人要求及其身材手工缝制而成的。其消费人群的数量非常有限，全世界也仅有几百位顾客，高级定制服装的价格一般是每件超过 10 000

英镑。与普通成衣价格相比，高级定制服装似乎会带来较高利润，其实说出来也许令人匪夷所思，它根本无利可图。当然，这并非是由于经营不佳，而是因为此类服装往往是该品牌的促销战略手段。同时高级服装的个性化设计、不断改良的样式、昂贵的面料和精致的剪裁都使得这种手工缝制的服装价格不菲。然而最昂贵的花费则是它的发布会，尽管仅有1小时，但可能会花掉10多万英镑。因为发布会邀请的是世界顶级超模及精心挑选的观众和媒体。值得庆幸的是，一场服装发布会的花费可以通过大量的国内和国际媒体宣传进行弥补，这通常会比花同样多的钱去做广告更有价值。同时，这些媒体也是不敢奢望拥有此类奢侈品的大众，能参加这类服装发布会也是他们获得高级服装信息的一种渠道和行业地位的象征。高级服装品牌的香水和配饰拥有全世界范围的大众消费市场，因此它们是保证高级服装销售额的一个重要因素。

成衣(ready to wear)指的是由品牌设计师设计的大批量生产的服装而不是专为某个消费者量身定做的服装。成衣秀与高级定制服装秀是分开进行的，成衣秀通常是每年的2月和9月在四大时装之都米兰、巴黎、伦敦和纽约举办，大概在该产品销售季到来之前6个月进行。由于成衣秀是面向大众消费者的，因此成衣秀的服装比高级定制服装秀的服装便宜，有些获得巨大商业成功的国际知名品牌如卡尔文·克莱恩(Calvin Klein)、唐娜·卡伦(Donna Karan)和普拉达(Prada)等品牌就是在成衣秀中大放光彩的。众所周知，大多数低端市场零售商都会模仿成衣秀中的作品。尽管大量的大众市场时尚买手不可能场场不落地出现在发布会上，但他们却可以在销售季来临之前，通过互联网和时尚杂志获得服装发布会的消息，而且低端市场零售商也会发布自己的流行趋势。在过去的10年间，由于大众传媒的强大影响力，社会名流的穿着和低端服装市场之间已经建立起了密切的联系。

4. 收集流行趋势

针对服装传媒所报道的大量流行信息,设计师或时尚买手会过滤掉与他们的消费人群无关的服装,而侧重于将会给他们带来巨大销售额的服装。设计师通过现场观摩时装秀和阅读时尚杂志,并对流行趋势进行分析之后,就要构思本季服装的主题风格。在这一阶段,设计师会对设计进行简要描述,包括服装颜色、面料或纱线型号、印花理念、服装款式、设计草图、款式细节以及特定调色板的灵感来源等。此时设计师还要以样张的形式(时尚杂志中的某一页)收集与这些主题相关的图片。设计师手也会读一读非时尚类杂志来寻求灵感,如看一看园艺、电影、旅行杂志或室内设计杂志等,特别是它们的颜色版面,也许这些还可以使设计师的流行色板看起来更具原创性,更加吸引眼球和更加多样化。

流行色板是通过专业的拼贴画来表现当季的流行趋势,主要以服装杂志的照片为主。收集流行信息的过程是对流行趋势进行思考和判断的过程,也是进行取舍的过程。各个销售季的主题数量是相似的,对女装来说通常是 5 个主题。其中,包括 3 个新款和 2 个经典款,大部分零售商店所销售的服装都符合这 5 个主题。拿到大量的样张后,设计师要进行严格筛选,挑出无关的图片,同时要尽可能地挑选那些看起来更好的流行色板。在图片的大小为 A2 或 A3 的纸上进行版面编辑的时候,设计师要考虑到它的实际内容和位置来吸引读者的关注。有些设计师会将这些图片进行扫描,并用图像编辑软件进行编辑。

服装产业有一个潜在规则,即每季至少要有一种怀旧风格或传统风格服装,或是这两种风格兼有。似乎这样做相当有局限性,殊不知这两个主题恰恰是设计师和时尚买手取之不尽的灵感来源。如图 2-11 所示,20 世纪 90 年代末的服装流行趋势深受 20 世纪 70 年代服装风格以及印度款式面料和装饰的影响。怀旧风格是在 20 年前发展起来的,所以 20 世纪 80 年代早期的风格便影响到 20 世纪 90 年代初期设计师的设计理念并持续到了 21 世纪初,从而成为设计思路的一个重要风向标。当然,怀旧风格永远不会将服装风格还原到最原始的状态,这是由面料构造和新机器时代的技术革新决定的。消费者渴望获得更多的产品,于是互联网便成为流行趋势的交流平台,零售商越来越具有竞争意识,很可能在不久的将来,服装业会伴随着逐渐增强的销售交流而再次复兴。

图 2-11　20 世纪 90 年代末的服饰流行趋势

二、销售预测

除了流行趋势预测外,时尚买手们最常作出的是关于消费者的需求、销售以及所需存货水平的预测。就像天气预报一样,你的预测并不总是准确的,但是有效的预测可以让整个采买计划的实施事半功倍。根据资深时尚买手的经验分析与总结,我们可以采取以下措施来提高销售预测能力。

首先,你需要获取以前的销售记录。在进行预测时,大多数时尚买手都会从以往销售信息着手来预计未来销售,但合格的时尚买手不能止步于此。时尚买手还必须考虑在店铺中运转的其他内力,比如销售面积扩大或销售人员数量减少。其次,你需要检查外力,比如竞争形势及经济环境。正如你所意识到的,没有什么销售预测能与实际销售完全吻合的:有些商品你可能采购得太多,而其他的商品则不够,但是如果你保留准确的记录,就有机会改善自己未来的预测能力。当你确定了所有你能获得的帮助来源,你就该准备好去收集和分析关于市场环境以及你们目标顾客的信息。根据计划营销方案,对未来特定的一段时间内的销售作出预测,这就是销售预测(sales forecast)。销售预测可以是对总销售量的预测,也可以预测以下几个方面的销售:

(1) 特定产品或服务(品牌或型号)。

(2) 特定消费者群体(男性,65 岁以上)。

(3) 一段时间(一个星期、一个月)。

(4) 特定位置的店铺。

为某一特定时期所做的销售预测可以包括几个星期甚至是几年。短期预测(short-term forecast)涉及的时间段通常最多 1 年。采购流行商品通常要求进行为期 6 个月的销售预测;食品杂货店及药店经营的是更为基本的商品,可能只要预测几天或一周的采购与控制销售。长期预测(long-term forecast)则长达 1 年以上。进行销售预测的时间周期对预测的准确性有很大影响,预测未来许多年的销售的准确性要比预测今后 2 个月的销售差得多。现有市场条件可能会保持几个星期不变;然而,这些条件在季末可能会发生翻天覆地的变化;顾客的喜好和消费习惯也会变化无常。如果市场不稳定且变化很快,进行长期预测

可能毫无意义。对时尚买手来说,预测是一件关键性的规划工具。在准备销售预测时要仔细考虑以下几个方面:

(1) 店铺要服务的目标市场群体。

(2) 现有及潜在的竞争对手。

(3) 市场上和经济上将来会出现的趋势。换句话说,时尚买手在准备销售预测及制定商品采购计划之前,必须对商店及市场进行彻底的了解。

此外,销售预测还能:

(1) 刺激采买计划的制定。没有销售预测,时尚买手就不能作出其他重要决策,比如所需存货水平及制订对顾客的零售价。

(2) 促进协调配合。销售预测成为商品企划团队中所有成员的目标。时尚买手、店铺经理以及销售人员都必须调整各自的活动以期达到销售目标。

(3) 支持控制活动。销售预测成为衡量时尚买手工作成功与否的基础,它为加薪、升职或解聘提供了一个衡量时尚买手表现的定量指标。因为销售预测起着如此重要的作用,所以需要尽可能精确;但是因为预测是尝试对未来进行预告,极有可能不精确。总而言之,对数据进行更多的分析与解读会提高销售预测的准确性。

时尚买手要对自己做的预测有信心,随着对所有会对销售产生影响的内力、外力的透彻了解,信心会进一步增强。预测应以事实为基础,而不是基于猜测。在进行销售预测之前,时尚买手必须首先要明确他们的目标顾客,了解他们为什么买东西,理解影响市场的这些趋势。

1. 获取销售数据

要进行销售预测,时尚买手必须对可以拿到的数据类型了如指掌。首要的决定是是否需要收集一手资料。假设你是一名时尚买手,要作出这一决定,你必须彻底调查二手资料来源,因为采用它们是最为经济合算的。一手资料来自于当下进行的特定调查。换句话说,你去收集信息是为了解决手头现有的问题。直接对顾客进行调查是用来获取顾客的态度与观点的主要途径。二手资料是为了其他某个目的而收集的信息,但你能用它来解决你的问题。二手资料可以是店里其他部门生成的业务记录,以及从书上和杂志上得到的信息。

一手资料来源大多来源于零售商。许多零售商付出时间与财力,持续不断地从他们的顾客那儿收集信息。许多欧美的公司很大程度上依赖于一手资料的收集来改善服务和改进供应给顾客的产品。它们自从公司第一家门店开业以来,就一直采用这些手段:举行周末焦点小组座谈,从(顾客实际使用的)意见箱里读取意见,也有时只是在通道上边走边与顾客和员工交谈。管理层不断想方设法改善顾客的购物体验,他们不会坐等销售下跌才去作出改变,他们深知对市场需求若是漠不关心、无动于衷,销售就会很快发生变化。

零售商还能用顾客调查来预测未来消费者的购买模式。在 Harris 最近一次民意调查中,54%的美国人认为他们不像以前那样有那么多空闲时间,而且他们更愿意在网络上进行购物。当前,只有6%的人说购物是他们最喜欢的事情,而有将近63%的人认为购物是件苦差事;就连在店内的购物时间也在减少,47%的人表明他们花在购物上的时间比1年以前要少。互联网的出现确实对实体零售店的打击很大,在未来,需要有新的策略让消费者重新回到店铺,而一旦他们来了,要让他们的体验尽可能地舒适愉快。(阅读本模块的情景案例"购物篮分析:顾客在商店怎样购物?"可了解更多零售商已经开始运用的这项数据挖掘技术。)

对外部数据的搜索可能会很快,或很广泛。行业协会和同业公会也是预测数据很好的信息来源。由 Gale Research Company of Detroit 出版的《协会大全》(The Encyclopedia of Associations)列出了协会的名字、地址、会员数量,最为重要的是,还列出了这些协会的出版物。在你需要本地市场趋势或经济形势方面的信息时,不应忽略普通的商业出版物及报纸。在这些刊物里,甚至连顾客购买模式都有报告及预测的特定信息来源。每年都由 Sales and Marketing Management Magazine 出版的《购买力调查》(The Survey of Buying Power)包括了州、郡及大都会统计区 MSA (metropolitan statistical area)的十分有价值的市场信息,提供了人口、家庭收入以及零售额的数据。《消费者购物指数》(Consumer Buying Indicators)由美国统计局(Bureau of the Census)按季度发布,涉及汽车、房屋、家具、地毯、家用电器及房屋改建方面 6 个月及 12 个月的购买预估。

如果你在做销售预测时采用二手资料,你必须认识到有些数据可能已经过时了。关于数据何时过时没有规定,但若市场动荡不定,超过 5 年的旧数据的价值就值得怀疑。

2. 作出销售预测

当你进行销售预测时,应遵循循序渐进的过程,分析影响销售的内在原因和外在原因。这一过程包括以下步骤:

(1) 回顾以前的销售。

(2) 分析经济形势的变化。

(3) 分析特定产品或市场在销售潜力上的变化。

(4) 分析你的公司及竞争对手在市场营销策略上的变化。

(5) 预测销售。

1) 回顾以前的销售

回顾以前的销售记录能判断出在销售数据中是否存在任何模式或趋势。要将销售数据与上个月以及去年同期的数据进行比较;这些信息会让你对未来 1 年中有可能会发生的任何变化有个初步的预测。任何信息都保持不变的情况几乎不会发生。从这一信息你可以回答以下问题：

（1）在过去几年中，销售是否出现增长或减少的模式？

（2）如果存在这种模式，那么它的平均百分比是多少？

（3）最近的销售数据是否能佐证这一趋势？

（4）你是否能确定一个百分比数字，反映你观察到的销售趋势？

2）分析经济形势的变化

在回顾经济趋势及调查公开出版的全国及本地经济预测后，你可能需要调整已确定的趋势百分比数字。想分析销售潜力上的变化，你的下一步是把市场上人口方面的变化与你们店铺或你负责的产品联系起来。这方面的信息可能很难获得，但这儿有你可以用的信息来源。每隔10年出版1次的《人口普查》(The Census of Population)能提供某些数据，但是会过时。之前提到过的每年出版的《购买力调查》是最好的信息来源之一，上面报道了按地区、州、郡和大都会统计区，以及按人口在25 000名以上的城市划分的人口数据和主要商品类别的销售情况。不过要记住，采用数据时你可能会面临各种问题，商品类别对于你的预测来说可能过于宽泛，或者销售数据对短期预测来说不够新。你可能要修正你的销售趋势百分比数字来反映市场情况的变化。

3）分析营销策略上的变化

现在，你需要考虑你们店铺以及竞争对手在市场营销策略上的任何变化。例如，重新打造店铺的决定，增加新的产品系列，或是一场新的促销活动都会吸引顾客并且能增加销售。几乎没有什么信息可以用来预测竞争对于将来会做些什么；然而，你可以通过比较型购物，研究竞争对手的广告，以及倾听顾客心声来获取信息。你的趋势百分比数字需要基于店铺的竞争对手在市场营销策略上所做的任何变化,然后进行调整。

4) 预测销售

你的预测的准确性要依靠过去记录的准确性、解读与目前趋势相关的信息的能力,以及进行关于未来可能性的预测能力。预测也需要一定程度的判断力和经验。时尚买手从回顾过去销售数字开始进行销售预测。上年的销售数字是很重要,但是你也应该回顾过去 2 年或 3 年的数字。你还要确定每次销售增长或下跌的原因。假设在分析了以前的销售记录之后,你判断前 6 个月期间销售增长率平均为 6%,确定经济增长会带来 2% 的销售增长率,你们的市场规模会增长 5%。此外,你已经了解到竞争对手当年会有一家门店新开业,导致你们的销售下降约 5%。从这些信息中,你可以预测下一阶段的销售增长率为 8% (6%+2%+5%-5%)。

预测销售不可能做到绝对的精确,但时尚买手必须进行有根据的预测。销售增长或减少的平均率对时尚买手是一项有帮助的指导。尽管某个趋势可能十分明显,你还是要在对计划进行任何调整以前研究一下变化的原因及会影响未来销售的条件。

一位时尚买手获得下列销售数据,以预测 4 月份的销售。接下去的论述展示了销售预测是怎么进行的。

表 2-4 销售数据

月份	去年销售额	今年销售额
1 月	¥500 000	¥550 000
2 月	¥550 000	¥610 000
3 月	¥590 000	¥640 000
4 月	¥600 000	?

首先,你要用下面的公式来确定与前年相比头 3 个月的销售额增长或减少的百分比。

销售额增长或减少的百分比＝去年与今年相比销售差额÷去年的销售额

计算每一个月的结果如下：

1 月＝（550 000－500 000）÷500 000×100％＝10％（增长率）

2 月＝（610 000－550 000）÷550 000×100％＝10.9％（增长率）

3 月＝（640 000－590 000）÷590 000×100％＝8.5％（增长率）

尽管目前每个月的销售额都领先于去年，但是 2～3 月的百分比降低了。你要考虑当年月度销售的走向。

销售额增幅下降。你还要通过下列算式确定上年同期销售额增长的走向：

2～3 月（上年）＝（640 000－610 000）÷610 000×100％＝4.9％

3～4 月（上年）＝（600 000－590 000）÷590 000×100％＝1.7％

然后你可以得出结论，4 月份的销售增长计划在 1.7％～4.9％。这时，你要考虑其他可能会影响销售的外力和内力。如果你感到这个月不会发生什么很大的变化，你可以随意选择 3.3％ 增长率，因为它大约在两个数字中间。其他情况，比如竞争对手的促销活动更多了或是你的目标市场有了变化，会导致你预测销售朝更高或更低的水平波动。

销售预测并不是一个精确的过程，但它最起码提供了一个能用于计划未来销售的最佳起点。对于时尚买手来说，唯一的其他方法就是制定采买计划。因为销售预测对你们店铺的影响这么重大，它们应该同时具备挑战性及可行性；如果不具备这些，那就意味着大祸临头。如果你的销售预测比前一阶段有大幅度增长，业务成本也要提升以适应预期的销售增长，比如可能需要增加广告费用或增派销售人员。如果你的销售预测定得太高，难以企及，你最终的费用与销售之间的比例会过高，导致利润跌破预期。或者，如果你大幅度地低估了销售预测，采购的存货量不足，你们将无法充分满足顾客需求，从而引起顾客忠诚度缺失,转向竞争对手的怀抱。当你做好了销售预测以后,就需要获得商品经理的批准。你应该进行一个简明扼要的原因说明,总结你在进行预测时所做的假设以及所考虑的因素。在你收集用于销售预测的数据时,也应该征询商品经理的意见。一旦你的预测得到批准,下一步就是制定商品采购计划。

拓展与提高

计划存货水平

在你预测了某一特定时期的销售之后,你必须计划所需存货水平,这是另一项用于评估零售买手的关键性定量绩效指标。库存中必须有充足的商品,在考虑到不曾预料到的需求的同时满足销售预期。作为时尚买手,你的目标是保持存货的花色品种充足,能满足顾客需求,但不能造成库存积压,以确保店铺在存货中的投资有合理的回报。

有好几种计划存货的方,最常使用的是存销比法。存销比法(stock-to-sales ratio)是指将存货与销售维持在一个特定的比例。存销比的计算方法是手头库存金额除以实际销售金额。例如,如果某个部门4月初有价值$40 000的商品,销售额总计$20 000,其存销比结果就是2。存销比的计算用的是以下公式:

$$存销比 = 库存金额 \div 实际销售额$$

在这个例子中,计算如下:

$$存销比 = \$40\,000 \div \$20\,000 = 2$$

存销比表明计划销售额与支持这一销售额所需的存货金额之间的关系,可用于计算计划月初库存水平(BOM stock levels)即月初所需的库存金额。用这个月的存销比乘以该月的计划销售额,你就能确定在该月初(BOM)所需要的存货水平(时尚买手专业术语解析参照附录三)。

计划月初存货水平可以用以下公式计算:

$$计划月初存货 = 存销比 \times 计划销售额$$

确定库存周转率

你所作出的有关销售预测及库存计划的决策必须为你的店铺产生利润。衡量你如何精确地平衡销售与存货水平的一个尺度就是库存周转率(stock turnover rate)。商品出售、补货、再出售得有多快,决定了一家店铺或一个部门的库存周转率。库存周转率是指在一段指定的时间里平均库存售出的次数,其计算公式如下:

$$库存周转率 = 销售额 \div 平均库存$$

任意时间段里的平均库存(average stock)是指该时间段最初开始时的存货金额,加上在这一时间段中预设的若干阶段的存货总金额(如每月底),再加上这一时间段结束时的存货金额除以列出的库存总次数。

案例 用存销比法,根据下列信息,计算 10 月份的计划月初存货。

解析

存销比＝1.2

10 月份计划销售额＝ $19 000

计划月初存货＝存销比×计划销售额

计划月初存货＝ 1.2× $19 000＝ $22 800

因此,采用存销比方法来计划存货,你在 10 月初就应该准备价值 $22 800 的存货。

时尚买手和管理层可以通过了解库存周转率在很大程度上判定一家店铺、一个部门或一个产品种类的表现好不好。就像存销比一样,具有可比性的零售商的周转率也能从行业期刊中得到确认。时尚买手也可以采用过往销售数据来计算他们店铺的周转率。任意时间段的周转率都可以得到确定;然而,通常所指的周转率的时间阶段都是1年。商店经营的商品类型以及店铺政策对库存周转率有影响;然而,零售商作出的每一个决策几乎都会影响周转率。采购频率不那么高的商品,如家具和珠宝,其周转率要比食品杂货店里商品的周转率要低得多。有的商店要经营花色品种繁多、颜色尺码齐全的商品,这样的经营方针会引起较低的周转率,因为有些颜色和尺码销售情况不如其他产品。因此,有些店铺只经营好销的颜色和尺码,以产生更高的周转率。

表2-5 某部门的库存水平

月份	库存水平
1月	￥80 000
2月	￥120 000
3月	￥140 000
4月	￥120 000
5月	￥100 000
6月	￥80 000
7月	￥100 000
8月	￥160 000
9月	￥180 000
10月	￥200 000
11月	￥300 000
12月	￥160 000
次年1月底	￥60 000
库存总额=￥1 800 000	

根据表2-5的资料,计算某部门的平均库存。首先,用存货总额除以存货列表数量以确定月平均存货额。

平均库存＝1 800 000÷13＝￥130 846

下一步,用下面的公式计算库存周转率:

库存周转率＝库存÷库存周转率

库存周转率＝600 000÷130 846＝4.3

因此,该部门的平均库存在这一年售出并补货4.3次。

较高的库存周转率对店铺来说通常是件好事,因为库存的快速周转减少了清理过时商品所需的降价的数量与金额。经常得到替换的商品看起来总是很新鲜,对顾客有更大的吸引力。然而,在你尝试提高周转率时,你也必须要关注所增加的费用,如广告宣传或是因增加销售人员而产生的更多的薪资。要产生更多的销售,这两者可能都需要用到。

在这样的情况下,周转的增加并不一定会引起利润的增加。时尚买手怎样才能提高库存周转率?你需要仔细研究你们店铺或部门的销售与存货信息。运转缓慢的商品可能要归咎于以下原因:

(1) 也许你们试图经营的商品种类太广了。要提供面面俱到的款式、颜色和尺码经常会导致周转率迟缓。商品留在你们货架上那么长时间,可能只是为了让极少数顾客满意。

(2) 你可能选错商品,采购来的货品可能并不是你的顾客所向往和需要的。你要吸取教训,改善你的下次买货决策。

(3) 商品放进库存可能太晚了。延误交货或太晚采购会导致你们的顾客先去别处购物。

(4) 商品定价可能过高。你可能要降低价格以推动销售。

(5) 店铺可能没有对该产品开展有效的促销活动。

周转率低还有其他原因,但应先调查这5项。一旦你为你们店铺或部门进行了销售预测,并确定了上一季度存货水平,你就已准备好了,可以制定买货计划,这一步骤将在下一模块中详细讲解。

情景案例

购物篮分析:顾客在商店怎样购物

销售数据提供了一个视角去观察顾客在买什么东西,但是看不到他们是如何购买的——以什么样的商品组合购买以及购买多少数量。购物篮分析是一种用来更好地确定顾客如何购物的方法。购物篮分析(market-basket analysis)是个描述数据挖掘技术解决方案的术语,这种解决方案揭示了顾客购物篮中的商品间的相互关系。时尚买手和商家应用这些分类结果,能更有效地回应顾客需求,还能帮助他们进行战略性规划和图解式的决策,帮助他们考虑在任何一次购物过程中顾客最有可能购买的商品类型。

第一步,把顾客购物篮中的商品与某个商品品类联系起来,通过分析计算出每一个品类所占的百分比。例如,如果购物篮中的10件商品中有5件是化妆品,代表购物篮的50%是化妆品类。管理层预先规定某个百分比,在某个特定购物类型中用这个百分比来描绘顾客。例如,零售商可以决定将购物篮中某个商品品类的商品超过25%的顾客划分为某个类型。在前面这个例子中,这位顾客将归属为"爱美人士"购物者类型;购物篮中有超过25%的商品与摄影设备及器材相关的则被划分到"摄影师"一类,对每个类型的购物篮都以此类推。这种分析大体上抓住了顾客进店的主要原因。品类不只是将产品分门别类,它还成为分析购物者类型的重要指标。例如,化妆品、棉球、染发剂和科隆香水可能是不同品类的产品,摆放在店内不同位置,但它们都是"爱美人士"购物类型的一部分。

　　顾客的行为通过他们购买的东西得到客观地评估。零售商并非通过这种分析给顾客贴上标签,他们尝试着将购物体验分门别类,并分析顾客购物时的共同表现。一旦理清了特定顾客购物类型,第二步就是向决策者(如买手)提供对他们有用的信息。将每一种类型计算出一个毛利,然后用这个数字作为基础,决定核心业务的范围。例如,这一数据能给零售商提供关于怎样使用广告费的信息,"美容意识"可能产生每个购物篮¥150.24的利润,而"摄影师"产生的利润仅¥20.55。很明显,广告费应当用在能产生最大利润的商品上。

　　能够用到购物篮分析的另一种方法是以事实为基础,制定关于空间安排及产品陈列的决策。空间安排要与那些所属购物类型能产生最大利润的顾客相符。产品陈列决策也能通过确定关联商品来进行(我们将在最后一个模块中详细阐述店铺陈列与视觉营销),这一概念涉及采用购物篮分析来判定在同一购物篮中什么商品经常与其他商品一起购买。例如,分析会揭示在"爱美人士"的购物篮中,有25%的时间有贺卡,而16%的时间有糖果。这样的数据表明将这两种商品移到基础美容护理区附近,其销量会增长。

　　通过关联分析的运用,产品驱动型经营的店铺会转化为顾客驱动型经营的店铺。购物篮分析的结果并不总是会用于作出决策。例如,没有时间外出社交的新爸爸常常在购买一次性纸尿裤时拿上6罐装的啤酒,这种可加以利用的联系第一眼看上去不怎么明显;然而,是否有哪家零售商会在啤酒旁边放上纸尿裤却值得怀疑。不过,如果举措得当,有效的购物篮分析能带来销售的增长、商品摆放位置的改善,以及顾客满意度的提升。更好地了解顾客会带来零售商与顾客之间更为私密的关系。作为零售买手,你应该认识到顾客的每次交易都讲述了一个故事,实施购物篮分析则是揭示故事细节的一种方法。

分析与运用

1. 作为时尚买手,你必须经常进行有关消费者需求方面的预测。什么因素会引起男式领带、香烟、一次性纸尿裤的销售增长或减少?

2. 你对男式西装进行了销售预测,预估销售将增长20%。说出可以用来达到这一目标的营销策略。

3. 某部门销售数据如表2-6所示。请预测该部门5月份的销售。

表2-6　某部门销售数据

月份	上年销售额	当年销售额
2月	$24 000	$26 000
3月	$26 000	$27 000
4月	$29 000	$29 000
5月	$33 000	?

4. 用表2-6中的信息来回答下列问题:

(1) 表中所示时间段的总销售额是多少?

(2) 这段时间内的平均存货是多少?

(3) 年度库存周转率是多少?

(4) 计算表格中上年每个月的存销比。

(5) 买手要在次年12月保持现在的存销比不变,但月初库存将减少到$55 000。请问次年要做到多少销售才能实现这一目标?

模块三
实施采购计划与存货控制

学习要点及目标

- 理解商品企划的组成部分与步骤；
- 学习制定6个月的采买计划；
- 理解采购计划的实施与存货控制；
- 理解预测存货需求的方法；
- 培养学生市场调查和竞争品牌分析的能力。

无论时尚买手采购的是流行商品还是基本商品，他们都必须对商品的采购进行计划与控制。对于任何店铺或部门来说，计划对指引方向及充当控制的基础都是很重要的。时尚买手必须在合适的时间，以合适的价格把合适数量的合适商品摆在合适的位置上。时尚买手需要借助团队的力量来开展相关的工作，具体包括对市场和渠道、产品以及综合运营等方面制定各种计划和决策。以产品研发初期的信息收集积累为起始，包含商品企划、货品采买计划、店铺管理、货品信息和数据分析等过程形成的产品周期循环中，时尚买手的作用至关重要，尤其体现在产品循环周期的起始阶段，即对每个季节波段产品进行的服装商品企划和采购计划（如表3-1所示）。

为了达到这些目标，时尚买手必须采取一系列慎重的行动——规划商品预算及商品分类。商品预算或商品计划是对特定商品采购金额的预测，一般为期6个月或1年。分类计划则将商品预算划分为商品的特定单元进行采购，如款式、颜色及尺寸。

表 3-1　信息传递与反馈

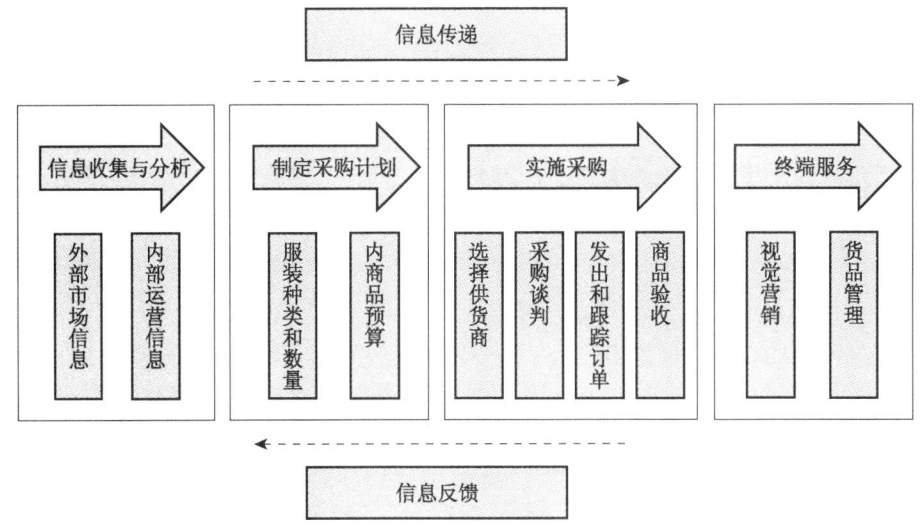

基础知识

一、采购前的准备工作

时尚买手在为特定地区市场采购服装时,必须充分考虑当地宏观经济、竞争品牌以及消费者特征对服装购买行为的影响,并进行有效的市场调查。

(一) 宏观经济分析

宏观经济是指整个国民经济或国民经济总体及其经济活动和运行状态,如总供给与总需求、国民经济的总值及增长速度、国民经济中的主要比例关系、物价的总水平、劳动就业的总水平与失业率、货币发行的总规模与增长速度、进出口贸易的总规模及变动等。

一个地区的宏观经济数据直接影响当地消费者的收入状况和购买力。如某女装品牌计划拓展 9 个城市的专卖连锁店,根据统计分析(如表3-2所示),北京、上海、苏州等地人均国内生产总值(GDP)和社会消费品零售总额等在全国名列前茅,居民用于服装的消费支出也相对较高。时尚买手在为这些城市安排服装采购计划时,应对该地区的宏观经济数据有所了解,以期预测入驻品牌的价格、档次是否能为当地目标消费者接受,同时预测潜在消费群体的规模。

表3-2 国内9个城市综合指标比较

区域	城市	GDP/亿元	人均GDP排名	人均GDP/元	社会消费品零售总额/亿元	城镇人均年可支配收入	消费支出(A)/元	衣着支出(B)/元	(B)÷(A)/(%)
北部	北京	17 879	5	87 475	7 702	36 468	24 045	2 638	10.9
	沈阳	6 602	8	82 654	2 417	26 431	20 003	2 413	12.0
	大连	7 002	2	104 675	2 230	27 480	20 417	2 193	10.7
长三角	上海	20 181	6	85 373	7 412	40 188	26 253	2 111	8.0
	南京	7 201	3	88 808	3 080	36 322	23 493	2 182	9.3
	苏州	12 115	1	114 193	3 254	37 531	23 092	1 964	8.5
	杭州	7 802	4	88 661	2 944	35 704	22 800	1 991	8.7
	宁波	6 582	7	85 223	2 018	38 043	23 288	2 362	10.1
中西部	成都	8 138	9	57 841	3 317	27 193	19 053	1 867	9.8

讽刺的是,虽然消费市场不断增长,但是国内外企业却越来越难以获利。为什么零售商的营业收入利润率反而在萎缩?平均利润率从2011年的2.67%下降到2012年的2.49%?这表明品牌流失,行业分散,成本增加,国内外企业的激烈竞争给自身造成了损失。盈利能力的下降还说明在中国不断变化的社会生态系统中,企业保持持续发展势头更加困难。人口结构的变化、中国各地经济和收入水平差异,消费者的生活日益数字化,

这一系列的因素使得中国消费者日益难以捉摸。

1. 居民收入持续增长

虽然中国已经是第二大经济体,人均GDP却排在世界80多个国家之后。然而,很多中国城市的人均GDP已达到中等偏上国家水平。埃森哲和中科院2013年发布新资源经济城市指数研究调查的73个城市中,47个城市人均GDP达到7 700美元,高于中上等收入国家的平均人均GDP 7 326美元。其中有26个城市的人均GDP达到了11 000美元。

2. 城镇化促生新消费市场

截至2013年年底,中国城镇居民占全国总人口的53.7%。按照中国中央政府发布的《国家新型城镇化规划(2014—2020年)》,预计到2020年,60%的中国人口将居住在城市地区,这意味着几乎1亿人将在未来的6年内成为城市消费者。到2030年中国将有超过67%的人口居住在城市,届时中国将成为一个拥有10亿城市消费者的巨大市场。

3. 人口老龄化

目前,中国65岁及以上的人口占全国总人口的9%。到2020年,老龄人群占人口比例将达到12.7%。与此同时,适龄劳动人数正在下降。从2013年开始,中国的劳动力人数已经开始缩减,而这种趋势还将持续。

4. 数字化重塑消费体验

2013年,中国的网络购物销售额达到了1.8万亿元人民币,占社会消费品零售总额比重的7.8%,已成为全球最大网购市场。按照每年10%的增长速度,到2017年,中国的网购市场规模将达到6 500亿美元,远远超过美国3 700亿美元的网购市场规模。在相关的调查中,3/4的城市消费者拥有智能手机,60%的消费者拥有平板电脑。可以预见,在未来几年中,中国几乎所有的城市消费者都将拥有智能移动设备,能随时随地上网。数字生活方式的盛行使得城市消费者比以往任何时候要更容易了解产品,分享评论,或者通过网上购物彰显个性。消费品和零售公司的当务之急是基于消费者洞察,制定差异化策略,明确用于吸引及满足一系列客户不断变化需求的价值主张。同等重要的是,在中国,赢家将不会是追逐消费者及经济趋势的企业,而将是塑造他们的企业。他们将重塑自己的市场,推动新的业务类别和互动的新方法。随着数字技术的成熟,这些企业还会在自己的行业边界之外追求新的增长机会。

(二) 竞争对手分析

俗话说,"知己知彼,百战不殆。"为了做好品牌产品的开发、采购与销售工作,时尚买手应定期考察和了解竞争对手的信息,如表3-3所示。通常时尚买手可与设计师或策划师一起考察竞

表3-3 竞争品牌对照表

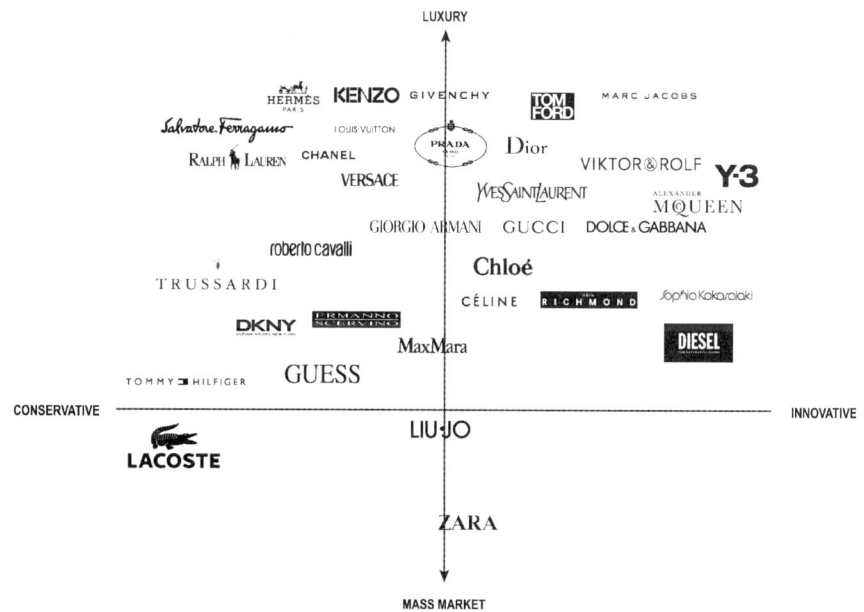

争对手的店铺商品信息,如价格、款式、颜色、面料等,比较各个竞争对手产品的异同,再根据自身品牌的战略路线,制定合适的采购计划。时尚买手获取竞争品牌信息主要通过实地走访观察,包括面料、产品设计、价格、质量、数量、店铺陈列、客流量与成交量、新品上货频率及数量、导购服务质量等直观信息,同时也需要透过现象进行深入分析,发掘竞争对手内在的优势和弱点,利用有效渠道(如供应商)了解竞争对手的相关信息,及时将这些有效信息反馈至企业相关部门,为企业决策及计划实施提供可靠依据。

通过数据统计分析,时尚买手对产品品类结构、各产品系列销售状况、畅销款、滞销款有了具体的了解和把握,可作为新产品品类配比、金额、数量、款式设计等参考依据,结合外部市场信息以及品牌风格定位,进行新一轮的产品企划与采购计划制定。畅销商品与滞销商品的分析是销售数据分析中重要的数据因素,一个款式的畅销与否可以从库存数量获知。时尚买手按照每周、每月、每季不同时段对款式进行分析,列出畅销、滞销款式明细表单,使其成为各个款式的补货判断依据。时尚买手还能够依据对同类款式的销售对比结合库存判断补货数量,以及时补充货品,减少显性缺货带来的经济损失。此外,通过对畅销款的分析,时尚买手能够协助设计师更好地把握品牌风格定位,也能审核陈列、导购的有效性和质量,将畅销款式转成为下一个销售季节的主色调,或者在某些细节装饰上进行调整,使之成为具有新品流行特征并保有畅销元素竞争优势的产品;如果产品滞销,则需要找出产生的原因,以避免在下一季的产品企划时出现类似问题。

(三) 消费者分析

作为时尚买手,你必须对你的顾客是谁、市场的总体趋势有充分的认识和了解。另外,时尚买手要懂得判断和监测与你们店铺的目标顾客相关的特定趋势。时尚买手要分析每一种趋势并且问自己:"这对于我们店铺、部门或产品品类有什么样的含义?"

时尚买手在对消费者开始深入了解时,通常会从了解与他们的特征及生活方式相关的趋势开始。一旦识别出了相关信息,时尚买手必须在进行采购决策时用到这些信息。目标消费群体基本信息包括:消费者年龄跨度、文化教育特征、收入水平、地域性差异等,这些属于相对变化比较缓慢和稳定的信息资源。例如,时尚买手需要对不同地域的消费者有针对性地进行调查和了解,有效聚焦目标消费群体,以敏锐的洞察力、丰富的资料来源和良好的沟通能力对消费群体的基本信息进行分析和汇总;商品企划和设计开发需要基于消费群体的喜好来把握正确的市场方向。在人口统计细分中,消费者的年龄结构、收入状况、生活方式等对服装消费行为有着重要的影响,从而导致不同的服装偏好。时尚买手要判断消费者人口特征是否与产品的市场定位相吻合,以此制定吸引消费者的采购和供货计划。

下面这些信息会帮助时尚买手了解中国市场及其消费者。

在许多方面,中国仍然是全世界最具吸引力的市场之一。中国市场有多个行业壁垒,但在消费品和零售行业,其开放性和竞争性不亚于任何一个成熟市场。中国之所以成为越来越具有吸引力的目标市场是受两个重要原因的影响:稳定增长的收入(并且还在持续增加)、强烈的消费意愿。中国的消费者显然愿意将自己的钱花在所有类型的消费品上,从食品、饮料到消费性电子产品和服装。近年来,奢侈品消费市场甚至已呈现爆炸性增长(虽然近年奢侈品销售的增长受到政府反对奢靡之风和反腐败努力的抑制）。个人消费对中国经济和消费品行业的影响不可小觑。

尽管中国近年来经济增长放缓，但中国的零售业自2000年以来却一直保持着两位数的销售增长。根据中国政府的"十二五"规划，2011—2015年，零售业总额预期将实现15%的年增长率。这意味着，中国有望在短短4年内超过美国成为全球最大的消费市场（如表3-4所示）。尽管中国的个人消费只占全世界消费的大约8%，但是2011—2013年，中国对消费增长的贡献超越了任何其他国家。虽然官方数据显示，中国个人消费占GDP的比重相比富裕国家明显要低（从2000年的46%下降到2013年的34%），但是有研究表明，中国的家庭消费实际上被低估了10%。

表3-4 中美零售市场对比

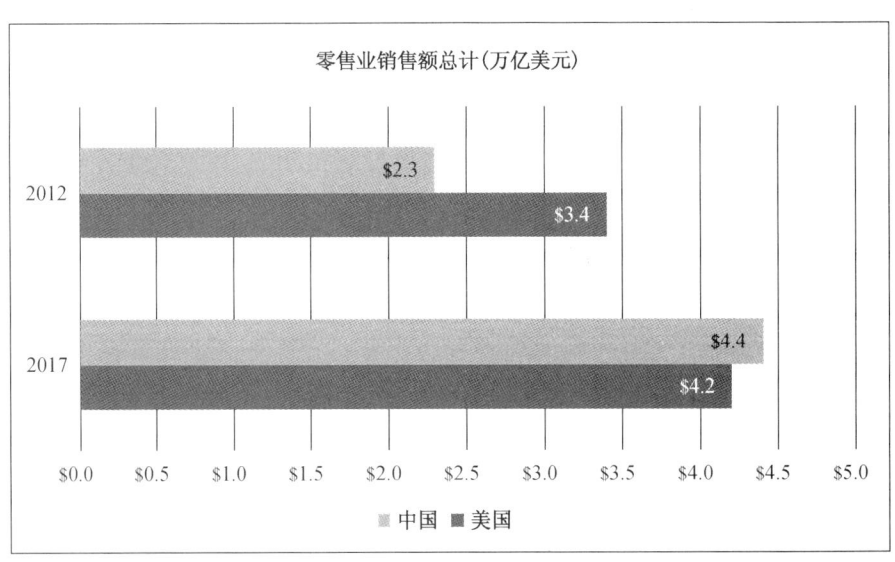

销售总额摘自各实体零售商及电商数据，包括仓储式会员店。业务涵盖现代及传统零售业，但不包括批发及非零售业务，如餐饮、金融及旅游服务。

数据来源：经济学人智库零售预测；国家统计局；商务部2012年中国零售报告

根据埃森哲2011年全球消费者行为调查显示,中国消费者在选择新的品牌和产品方面,极富尝新精神。有超过2/3的受访者表示,他们愿意尝试新的产品。而根据调查研究,品牌更换意识在各级城市和年龄阶层的消费者中都普遍存在。仅有11%的受访者表示不愿尝试新的品牌或产品。这为消费品和零售企业带来了利好,他们可以借此利用产业融合向客户提供全新的产品、服务和体验。同时,也为企业加速推进新产品上市战略,带来了机遇。

研究表明,86%的中国城市消费者是互联网用户。我们发现8个消费者群体划分中只有2个与数字化几乎绝缘。在中国数字化连接的城市居民中,73%的居民上网,50%的居民每天访问社交媒体网站,25%的受访者表示更喜欢在自己的电脑、平板电脑或手机上观看电视节目,这对广告和品牌建设有重要的影响(如表3-5所示)。试想一下:城市消费者平均每星期花费9.4

表3-5 中国数字化渠道对照表

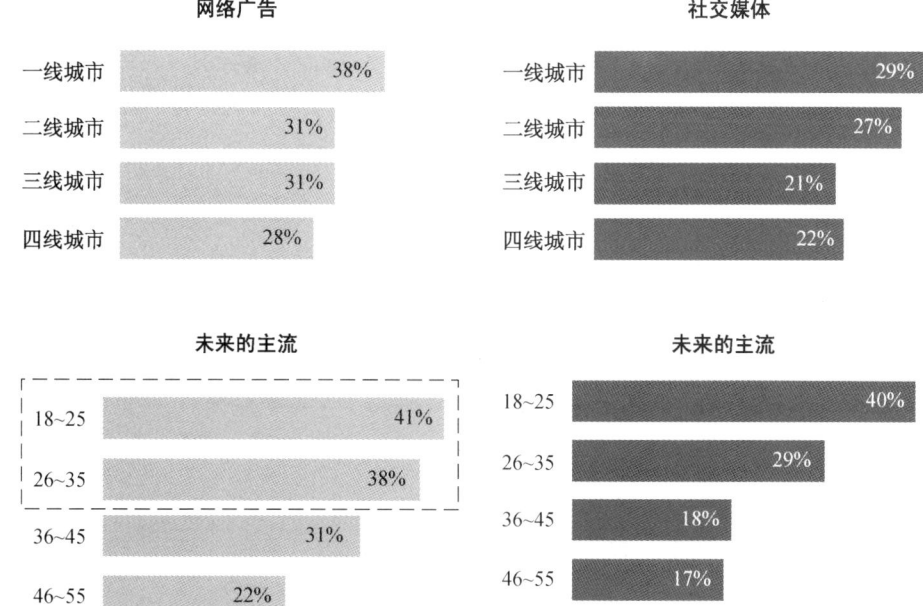

小时看电视。然而,他们每周花费28小时以上使用他们的个人电脑、平板电脑或智能手机(分别是12.6、8.3和7.2小时)。在这种分散的环境中,通过单一的渠道来保持顾客的注意力是相当困难的。

在未来,随着屏幕和内容不断增加,品牌和内容将变得更加模糊。鉴于中国消费者之间社交媒体活动的广泛流行,企业正在增加他们在数字营销上的投资,这是可以理解的。事实上,在2013年,所有广告商1/4的预算都花费在了数字渠道上,比1年前增加了38%。对许多人来说,越来越注重数字营销是基于这样的想法,那就是中国在网络和移动渠道上的爆炸式增长,再加上消费者疯狂使用数字技术,能够帮助企业跨越许多市场进入的旧壁垒。

网上购物正以惊人的速度增长,被调查的消费者中近7成都有网购经历。在"十二五"规划中,政府估计网购交易额将在2015年占总零售额的8%。而实际上,网购的增长速度比政府预期的要快得多,也比线下零售增长更快。在2013年,中国的网上购物金额为1.85万亿元,约占总零售量的7.8%,比上年增长1.6%。根据商务部调查,网购的销售额在2013年增长了31.9%,分别比百货商场、超市和精品店的增长速度快22%以上。

中国消费者市场规模庞大、多元复杂,这使得消费品企业和零售商难以从中识别最具价值的目标"唯我市场"。而传统的消费者洞察往往流于简单的用户分类统计,无助于消费品企业和零售商在日趋复杂的环境中把握投资重点和制定发展战略。

在目前激烈竞争的中国数字市场,要想赢得客户,消费品和零售企业必须特别针对城市消费者制定策略。但在此之前,他们需要做到三件事:

(1) 投入技术平台建设,实现不同来源消费数据的采集和整合。

(2) 投入分析能力建设,深入理解消费者的行为变化和目标客户的消费轨迹。

（3）为引导企业打造最令人满意和最具价值的客户体验，设计实施蓝图。

对于消费品企业，该蓝图应注重品牌忠诚度的建立。而对于零售商，则应旨在提供无缝化的个性购物体验。

中国市场仍孕育着巨大的机会，只有那些顺应数字竞争市场的消费品和零售企业，才能成功把握跨越式发展的机遇。埃森哲的研究和经验表明，在中国城市市场，消费品和零售企业要想进一步脱颖而出，仅做到以上几点是不够的。对于消费品企业而言，他们还须：

（1）通过吸引消费者参与，实行客户自主创新，鼓励消费者协同设计和众包模式。

（2）消除传统流程和渠道中固有的复杂性。

（3）基于数字基础打造新的营销和销售能力。

（4）重新审视和适应新的数字化运营模式。

对于零售商而言，他们还须：

（1）通过实行跨渠道的无缝营销、仓储、销售、库存管理、定价策略、管理尺度和激励措施，整合企业运营。

（2）投入建立不同技术平台间的无缝连接。

（3）与技术、数据、分析和流程合作伙伴协作，打造无缝购物体验。

消费者见多识广，比以往更加吹毛求疵和注重社交网络。消费者的可支配收入不断增加，但忠诚难求。来自跨国公司和本土企业的竞争也愈演愈烈，想在中国市场获胜，将面临前所未有的挑战。幸运的是，在中国，挑战与机遇并存。数字化和产业融合更是为消费品和零售企业带来了希望。他们代表着新的增长、创新、差异化和竞争优势。但要想把握发展机遇，则需要深入了解客户，并具备借此实现卓越绩效的能力。不可避免的是，如今要想在中国市场获得成功,关键就在于如何抓住客户所需。单纯依靠品牌力量的时代已经一去不复返了。今天的市场,谁最了解消费者,掌握与之连通的渠道,精准抓住属于自己的高价值"唯我市场",谁才能把握制胜之道。

此外,时尚买手还必须理解消费者购物的动机,以及他们采购商品的原因。当时尚买手进行采购决策时,要确定顾客购买你为店铺采购的每样商品的原因;了解这些对于做促销活动规划以及向销售人员传授产品知识非常重要。购物动机一般可以分为三种类型:①理智;②情感;③惠顾。

1. 理智购物动机

理智购物动机(rational buying motives)与人类基本需求有关,如食物、衣服和居所。这些需求相当于马斯洛需求层次理论(Marslow's Hierarchy)的生理需要,同样可以用来进行消费者行为分析。消费者倾向于先满足这些生理需要,而一旦这些需要得到满足,他们会寻求其他层次上的需求的满足。马斯洛需求层次理论(如图3-1所示)将个人需求分为五个等级,其中第

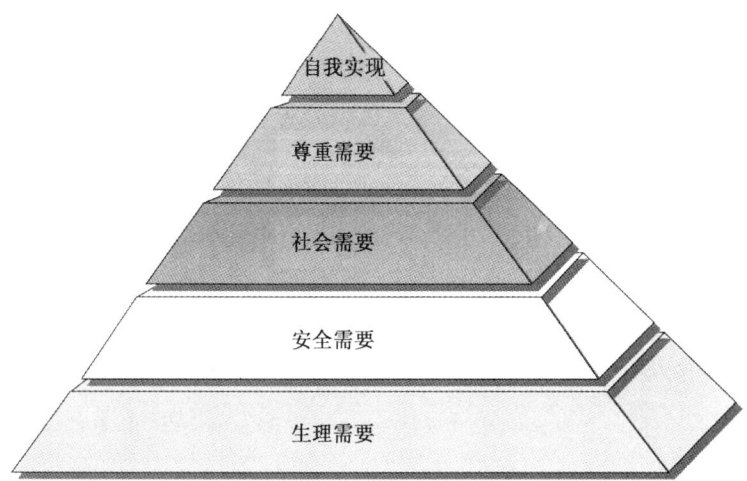

图3-1 马斯洛需求层次理论

一需求为人们最基本的生理需求,最后一个层次的需求为自我实现需求。这些需求之间具有层级性,只有在上一层次需求得到满足的情况下,人们才会产生后面层次的需求。图3-1显示了该理论的五个层级。这里需要说明的是,第一层次的需求,即生理需求适用范围最为广泛,其他层次需求的适用范围渐次缩小,实现的难度也越来越大。当时尚买手和销售人员比较好地理解了马斯洛需求层次论,以及其他研究消费者行为的理论之后,他们就能挑选出更适合销售的商品,并更大程度地满足目标消费群的需要,从而有利于实现利润最大化的目标。

理智购物动机是建立在顾客从逻辑角度进行推理思考的能力基础上的。顾客符合这种类别的典型动机有经济实惠、省钱、耐用、可靠、可信赖及收益。

2. 情感购物动机

情感购物动机(emotional buying motives)是更高层次的需要。顾客可能会购买食物、衣服以及居所来应付理性需要,但这些需要以最低限度的购买就能得到满足。是什么让消费者购买好几件毛衣或两件大衣?这些购物可以用情感购物动机来解释,顾客这么做是由于感觉而不是理性思考。情感购物动机的例子有社会接受、好奇心、求变、性感、自尊心以及团队认可。

3. 惠顾购物动机

惠顾购物动机(patronage buying motives)解释了消费者为什么选择这家商店而不是另外一家。这一信息对时尚买手十分重要,因为顾客先要进入店铺才能购买时尚买手采购的产品。以下是顾客选择商店时采用的一些关键因素:

(1)方便。对消费者来说,决定性的因素可能就是你的店铺所在的方位。顾客可能会在大型购物中心里选择店铺,因为方便停车;在市中心很多地方停车位又贵又难找。

(2)物有所值。对所有顾客来说,物有所值很重要,但每个人的理解不同。对某些消费者来说,物有所值与价格便宜连在一起。对其他人来说,如果他们觉得自己得到了优质产品,那价格就不是问题。消费者会回到那些让他们感觉自己花钱花得最有价值的店铺去。

（3）商品花色齐全。大部分消费者会在让他们有挑选余地的店铺购物;不过,如果选择太多,他们又会挑花了眼,无所适从。许多消费者也会在可以一站式买到所有商品的地方购物;购物中心对他们有吸引力是出于这个原因,而仓储会员店及超大型自助商场也是建立在一站式购物的概念基础上的。

（4）提供服务。许多消费者可能会因为特定店铺提供的服务而决定去这家买东西,比如赊账、送货、礼物包装、或修改衣服。例如,消费者随便在哪儿都能买到一张躺椅,但他会选择去能提供免费送货的店铺。提供服务是一个店铺能用来区别于其竞争对手的杀手锏。

（5）经验丰富、彬彬有礼的销售人员。消费者通常会回到那些营业员热情友好、彬彬有礼并且经验丰富的店铺去,而这些营业员对店铺要树立的形象是至关重要的:许多顾客一次又一次地回头去找他们喜爱的营业员。

（四）市场调查

如果想要在市场上保持竞争力,满足顾客的欲望和需求,市场调查是至关重要的。时尚买手获得成功的关键将是比竞争对手更了解顾客。好的市场调查让时尚买手可以预见并利用顾客身上发生的变化;而对顾客身上发生了什么不够关注的话,就可能导致一些决策失误。最重要的是,市场调查会帮助时尚买手不再依靠天马行空的猜想进行决策。

市场调查如何进行及运用将受到店铺规模的影响。大多数小规模零售商承担不起实施和分析数以百计的顾客调查所花费的财力和时间,他们通常依赖于报纸杂志上报道的通用信息。有些零售商广泛采用非正式的方法进行调查——他们对顾客进行观察,或是让店员在顾客完成购物时提一些简单的问题。许多大型零售商拥有他们自己的市场调查部门,会不断地关注他们的顾客以及商界情况。你会看到,也有很多私人公司专业从事市场调查活动,许多零售商会向他们购买服务。市场调查不一定要花很多时间、很多钱。简单比较当年与上年同期的销售数字也是市场调查,观察在购物中心里青少年最常穿的服装的颜色也是市场调查,将报纸杂志上谈到产品趋势的文章保存在文件夹中也是市场调查。市场调查活动对你作为时尚买手的成功至关重要。

  一些大型零售商有能力进行正式的市场调查,可以通过调查问卷去确认顾客的欲望和需求。然而,顾客调查也可以是非正式的。自己或是店里的其他员工都可以在销售区域与顾客简短地交谈几句,或是在店里观察他们,这两种活动都属于非正式的市场调查。你的顾客是否紧紧跟随流行趋势?或者他们的偏好是否倾向于经典或传统?当他们在购物时是否关注价格?还是他们更关心品质和时尚?要完全解答这些问题,很可能需要进行广泛的顾客问卷调查。

二、制定采购计划

  服装采购计划是指在产品生产和发货之前以财务和服装设计为基础,制定一个在商业上可行的服装采购范围。最初的服装采购计划通常是时尚买手在特定服装季内打算采购的一个服装清单且这个清单的花销不会超过预算。大多数的商店会将商品进行分类,分为时尚款式、基本款式和经典款式;也可能还会用到其他不同术语,如现代款式、核心款式。在制定采购计划前,时尚买手(或买手团队)需要对时尚市场的需求和变化及时进行感知和把握,甚至是预测,同时又确保有一定的个性化特征,才能辅助相关决策者制定有效的商品企划方案(merchandising,简称MD),准确地预测服装市场需求,打造具有市场竞争力的产品。时尚买手在完成商品企划之后还要进行更新,从而为销售季提供一份明确的产品目录。

(一) 商品企划

服装属于时尚类产品的范畴,因此具有时尚产品的特点,即处于循环变化的发展状态,其生命周期又由于流行趋势受到社会经济、文化、政治等的影响而存在不确定性。因此,参与商品企划的时尚买手在安排计划之前有必要尽可能多地获取相关信息,无论是过去的(历史销售数据),还是现在的(考察商店,进行对比采购),甚至是将来的信息(目标采购和时尚预测)。

服装商品企划通常按季节时段进行大类划分,以春夏和秋冬作为服装品类的基础划分品类标准。同时,根据品牌经营模式和产品风格定位不同服装时段,划分呈现多样化。商品企划对整个销售起着非常重要的作用,时尚买手的工作内容贯穿整个商品企划过程,需要适时地向企划、设计人员和决策者提供有效准确的信息支持和专业知识技术支撑。

完整的商品企划包括主题和波段规划、颜色系列、产品大类、面料、价格、成本、生产周期、销售计划和促销规划等。

1. 主题和波段规划

产品系列的主题诠释了品牌的灵魂和风格走向,主题的确定需要结合流行趋势信息(色彩、面料、服装款式、廓型等),围绕品牌定位展开。时尚买手通过不同渠道和层面收集汇总的资料和信息是主题确定的重要参考。

主题与时间波段往往相互对应,传统服装企业一般分为春夏、秋冬两季,随后再细分为春、夏、秋、冬,并根据品牌理念和产品开发工作模式展开进一步的产品波段细分(如春1,春2,夏1,夏2,……)。划分标准由于地域、产品类型不同等特点而存在差异,但即使划分标准各异,对于各个时间段的规划是任何一家品牌企业在商品企划阶段必不可少的工作流程。表3-6为快时尚品牌整体商品企划的实例。

尽管一个销售季的采购销售周期通常为1年,但在此期间仍然需要开发小批量的个性化服装,所需时间也相应较短。时尚买手这时会采购一些所谓"昙花一现"的时尚服装款,而ZARA,H&M,Geroge等品牌时尚服装则是他们采购的主要对象,时尚买手甚至将大部分的采购资金预算用于这些生命周期极短但十分流行的产品。对于目标定位更加年轻化的服装零售商而言,整个采购周期通常只有几个月,以确保紧跟流行趋势的需要,也因此使得Fast Fashion(快时尚)成为时下较多时装品牌的定位风向标。

2. 品类规划

时尚买手对流行色预测信息和市场反馈信息的分析报告将为下一波段产品的色系、面料、产品大类、品类配比等规划提供参考依据。

1) 色彩

色系规划是对产品主打色彩进行选择和计划。在时尚买手提供的建议和分析报告中,除体现风格定位的品牌主打色系之外,还包含结合下一季流行色选取的相关色彩(符合季节主题),并且应适当考虑系列感和产品的延续性。定期浏览购货商品的销售信息,了解畅销款和滞销款等数据,对时尚买手考虑是否追单购买或为下一个销售季节做准备至关重要。

买手还必须将上面涉及的所有数字分类归入不同的颜色之中,以适应下一销售季节的需要。由于每年的流行色各不相同,因此,时尚买手不能简单依照过去一年每种颜色商品的销售状

表3-6 快时尚品牌整体商品企划的实例

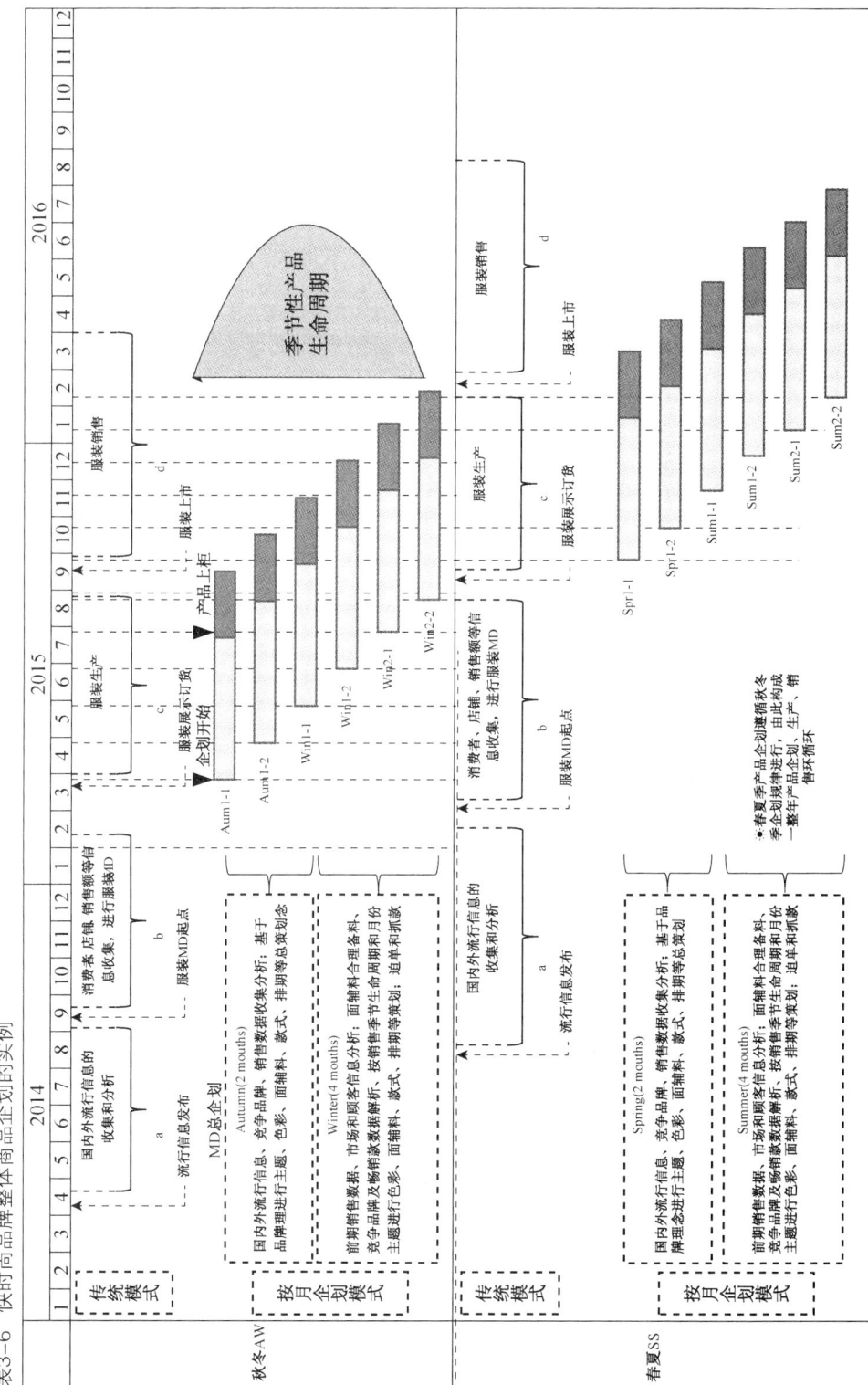

况来确定自己的采购计划,而是必须根据消费者对流行色的接受情况来对商品采购作出一个总体决定。例如,如果消费者去年购买最多的是当时的流行色——黑色,前年购买最多的也是当时的流行色——红色,那么时尚买手就可以假设消费者基本上是追逐流行色的,因此在采购时,可以大胆地订购当季的流行色商品。如果销售记录显示消费者喜好基本色,且没有尝试其他颜色的意愿,那么基本色款应成为时尚买手采购的首选。在实际运作过程中,时尚买手对颜色的感悟以及采购决策的最终制定,经常是咨询专业市场人士与时尚预测师,仔细阅读时尚杂志、信息报告,约见销售管理者与时尚建议师,加之自身经验积累的综合产物。颜色不仅对商场经营的商品至关重要,还会对商场本季的整体外观色彩显示发挥重要作用。因此,如果对颜色作出了正确的选择并实现了与所在商场环境的色彩兼容,消费者就能适当地进行服装采购。此外,在重点考虑颜色搭配问题的情况下,商场所有时尚商品的销量就可能获得显著增加。

通常情况下,时尚买手计划购进的黑色与棕色商品较多,且相对集中在商场销量最好的尺码——中间码。由于亚洲人的肤色很难驾驭绿色和紫色,采购这两种颜色的商品存在一定风险,为此,时尚买手在确定其购进量时表现得较为谨慎。由于这只是根据经验所进行的尝试,因此只有时间才能检验其正确与否。当然,这只是一份进货模式草案,随着销售情况的变化,时尚买手也会适当地调整部分商品的颜色。

2) 款式

服装款式的数量包括每种色彩设计也就是可选择的数目。在作出首次计划安排后,时尚买手要再次检验,以防在价格、颜色、款式和面料方面出现重复。如果两种款式在诸多方面相似,如以同样价格销售两件同样的红色衬衫,就会导致一款比另一款销售得好。因此,建议企业生产不同款式的服装,以扩大消费者购买数量。如某一款红色衬衫是本季的主打款式,那么设计更丰富的类似款式服装就会使销售额有所提高。相比分开销售来说,不同面料、不同价格的两款服装在一起销售也会使销售额有所增加。充分考虑上衣和下衣所占比例,也是计划好服装采购范围的一个关键因素。一般来说,上衣要比下衣多一些,大概的比例为 2∶1,并且上衣相对便宜一点,这样的话消费者更愿意去买上衣而不买裤子或裙子。为达到这个目的,就要为上衣设计出比其他服饰更多的色彩选择,或者可以增加上衣生产数量。要是采购女士内衣,那就要采取相反的方式进行,因为消费者会购买更多内裤而不是文胸。女士内衣采购商可能在采购范围中选择相同数量的内裤和文胸,或者采购的文胸款式更多但是内裤却是以 3 件或 5 件为一包的形式来提供的。

销售记录提供的是以往商品的销售数据,不能显示未曾上柜的新款商品信息。时尚买手判断购进何种新款商品往往是一项艰难的抉择。一般来说,时尚买手通过考查企业以往新商品上市方面的记录,可以了解消费者对新款的接受程度。如果以往的销售情况显示部分消费者具有尝试新商品的意愿,那么消费者接受其他新商品的机会就会增大。例如,在迷你裙刚流行时,时尚买手所采购的迷你裙畅销,在第二年开始流行长裙时,长裙的销量也很高,说明这个地区目标消费者对流行趋势敏感,并且对新款的接受程度高。反之,如果销售记录显示消费者的购买意愿仍维持在基本款方面,时尚买手应尽量减少新款商品的采购和配比。

3) 面辅料与尺寸规格

现在,时尚买手面临的材料选择比以往任何时期都要多样化。市场上,有成百上千种新型材料和传统材料,以及无数的由混合材料制成的多种商品可供选择。需要注意的是"材料"问题并非仅涉及纺织材料,它还包括玻璃、塑料、木材、金属、石料、人造石材等多方面内容。家具、箱包、礼服、玻璃器皿、毛毯等多种商品的买手与服装类商品的买手一样,都会面临商品的材料问题,并需要对多种材料制成的商品作出自己的选择。时尚买手查看以往销售记录,可以知道消费者服装尺码规格和面辅料喜好的大致范围,并为下一季采购服装面辅料和尺寸配套提供依据。通过对涉及材料信息的销售记录进行适当分析,时尚买手能够了解消费者在材料方面的购买意愿。与款式和色彩因素一样,材料的选择也应以消费者的需要为最终决定因素,而销售记录则正是揭示特定时期这种需要的主要方式。

与此同时,零售商还可以掌握商品的退货情况,通过仔细检查此类记录,买手就能了解什么材料制成的商品最容易造成退货问题,并在未来采购过程中减少此类材料商品的购进数量。最后,时尚买手还必须认识到,市场中没有一种材料能够绝对满足所有消费者的需要。因此,时尚买手在决定采购商品种类过程中,除了要考虑那些经过市场检验、接受程度较高的材料,还必须考虑一些行业中逐步流行的新材质,以满足消费者的不同需求。

关于尺寸规格,商场经营的服装不但色彩多样,而且尺码齐全。例如,男装可能包括基本码、加大码、加长码等多种类型。而衬衫的情况则更为复杂,颈围可从 14.5～17 码,袖长可从 32～37 码。女装买手在采购少女装、年轻女性服装、小码和大码的服装时,同样也会面临尺码的问题。通常情况下,公司仓库的容量是时尚买手必须考虑尺码问题的主要原因,尤其对连锁公司的分店与小型商场而言,情况更是如此。尽管商品的款式可能具有相当的吸引力,但总会有一些尺码难以实现销售,从而造成商品的积压与滞销。通过检索销售记录有关尺码方面的信息,时尚买手就能够了解什么尺码的商品最适合消费者的需要,以及应少量购进哪些尺码。有时销售记录还会显示,对某些款式的商品有意识地舍弃掉一两种尺码可能会是比较好的选择。

对于尺码问题,尽管探讨起来似乎比较枯燥乏味,但一旦对此加以充分关注,却有助于时尚买手提高采购成功率,使商场减少存在较大降价销售可能性的商品库存。

服装尺码的选择会因不同的零售商以及同一个店中不同的款式而不同。如果进行国际服装采购的话,还应考虑不同国家使用的尺码标准。英国的标准尺码是 10~16 号,对顾客来说,只有 4 种尺码的服装选择起来受限制,因此大部分商店存有的服装尺寸都会从 8~18 号不等,还会有小于 6 号的特小号服装,或者大于 20 号的超大号服装。对顾客来说,特小号是一种奉承的说法而超大号对于许多潜在的顾客来说就有贬义了,因此还要避免向顾客推荐超大号服装。但在中国则用 XS/S/M/L/XL 来选择尺码。在男装西服领域的尺码则从 44 到 58 码为最常用的尺码。

不同零售商其尺寸的测量方法也各不相同,因此大多数消费者的购买是凭自己的经验。这是因为在服装界并不要求一定要用同一个尺寸标准,而服装的合身与否也是作为服装款式的一部分。英国的尺寸标准是通过对人身体进行测量得来的,但是很明显绝大多数的服装是不可能贴身的,要比人体尺寸大一些以便穿者能正常活动。零售商的质量监控部门通常会为每款服装进行精确测量以确定尺寸,包括胸围、腰围、臀手围,还有一些更为详细的尺寸,如后颈到腰的尺寸、袖长等。

有时候,时尚买手会产生这样的疑问,即在到了处理存货的时候,为什么还有一些看似应该很热销的商品仍然积压。出现这个问题,可能并非价位、颜色、款式等方面的原因。时尚买手检查销售记录后会发现,可能消费者喜爱并实际购买了这些商品,但由于尺码不合适或材料等各方面的原因,消费者最终向商场进行了退货。在退货过程中,商场通过咨询退货原因而保留的记录能清楚地向时尚买手提供退货的相关信息。通过了解哪些是经常被退回的商品,时尚买手在未来的商品采购过程中就获得了明确的指示,并借此修正采购计划,将那些存在问题的商品或供应商排除在选择范围之外。只有经常性地查阅销售记录中的退货信息,时尚买手才能真正修正曾经在采购方面作出的错误决定。

4）商品价格

价格是影响消费者购买决策的重要因素,也是划分品牌档次的重要指标。利润的产生来自于商品的成本和销售价格之间的差价。时尚买手必须对商品的销售价格和它的成本同样关注,因为这两者对利润的产生有着同等重要的作用。时尚买手在企划每一季产品时,要综合考虑多方面因素,为商品制定销售参考价格;在与生产供应商谈判时,也要做到严格控制成本,以达到企业管理层所制定的利润率指标。

零售商可选择的定价政策有多种具体形式。例如,商家可选择以正常价格销售所有商品,即对商品标出行业平均的利润加价;可实行折扣定价策略,即以较低的价格销售商品;可将经营重点集中在以较低的批发价格购进的商品方面,从而实行既能够标出正常加价而售价仍偏低的定价政策。通常,大部分公司大多单纯执行一种定价政策,但也有一些公司由于既要使某一分店凭借价格打折来应对挑战并以此作为竞争力,又要在特定时期购进低价商品以满足销售特殊商品的需要,同时还要经常在大部分分店中执行正常的价格策略,因而这类公司会选择综合使用上述所有形式的定价政策。与前面情况一样,无论公司选择何种定价政策,时尚买手都必须不折不扣地予以执行并在采购过程中充分体现公司的政策意图。

一般而言,企业管理层要求时尚买手的采买任务在一定时期内实现规定的目标利润率和利润额指标。无论是大商场买手或是中小服装品牌企业买手,其经营是否成功的主要考核指标是采购效益是否达到或超过预期目标利润率和利润额。时尚买手按照企业制定的目标利润率和利润额指标,经过调研其他竞争品牌的售价,结合考虑本企业品牌的价位档次及原产品的价格带,在为新一季产品制定采买计划方案时,重点是为价格组合以及各价格带货品的配比提供参考。

时尚买手的价格策略:

(1) 为每个品类制定一个平均价位,然后在每个品类里再细分若干价格,目的是为消费者提供不同价位的选择和覆盖市场能够接受的价格。

(2) 在市场选款时,基本根据制定的平均价位挑款,如果服装价格太高将取消购买。

(3) 在选择供应商时,如果产品以及交货期没有很大差异,价格便是重要的衡量指标。有时为了控制成本,在无法压缩其他费用的情况下,时尚买手会与供应商、设计师协商对服装款式或面辅料进行修改调整。

5) 产品品类规划

产品规划由产品大类规划作为起始点,时尚买手需要从深度(某一品类范围内可供消费者选择的产品组合数量)和宽度(产品品类的数量)两个维度中寻找平衡点,在保证资金和库存高效周转的同时为消费者提供最大限度的选择空间,尽量减少显性和隐性缺货现象的出现。通常比较传统或经典的服装品牌倾向于使用窄而深的规划方式,而年轻化的时尚品牌则更多采用宽而浅的产品策略。

表3-7是产品宽度规划示例,表3-8是产品深度规划示例。

品类规划完成后,需要进一步对价格、成本、生产周期、销售和促销等进行规划。通过一系列企划工作实现对产品设计开发、生产排期、货品上柜时间、产品促销、营销组合方案、库存以及成本的有效控制。

表3-7 产品宽度规划示例

产品结构大类的数量与金额计划													
系列名称		春1-1		春1-2		夏1-1		夏1-2		夏2-1		夏2-2	
		系列1	系列2	系列1	系列2	系列1	系列2	系列1	系列2	系列1	系列2	系列1	系列2
产品计划	总量												
	款数												
色彩构成		色　卡											
面料构成		面料样卡											
品类/（%）	品类14												
	品类16												
	品类21												
	…												
款式构成/（%）	核心款												
	基本款												
	时尚款												
	…												
新品销售数量 新品销售金额 旧品销售数量 旧品销售金额 现存库存数量													

表3-8 产品深度规划示例

系列/主题		品类编号	款式大类	企划时间	上柜时间	款号	色系	面料说明	辅料说明	价格/元	款数	总价/元
春1-1	故事系列（一）	品类14	核心款									
			基本款									
			时尚款									
			…	…	…	…	…	…	…	…	…	…
		品类16										
		…	…	…	…	…	…	…	…	…	…	…
	故事系列（二）	品类14										
		…	…	…	…	…	…	…	…	…	…	…

按季节或时间段上柜的服装种类以及不同地区消费者穿着偏好变化多端。如有些地区偏爱裙装、有些地区偏爱裤装。时尚买手应了解以前所订购和畅销的服装种类。例如,若某年长款连衣裙的订货量大、销量大、库存很少,并且利润也高,那么在下一季的采购中,长款连衣裙应该占较大的比重;如果发现某一种类服装销量不好,库存积压较多,则在下一季的采购中应减少或终止此类商品的订货。此外,根据消费者习惯,T恤、衬衣、外套等上装购买较多,而裙子、裤子购买较少,所以上装款式数量一般比下装款式数量多,但是女士内衣中的内裤数量比文胸多。明确这些信息后,才能在采购计划中制定合理的服装款式、品种和数量配比。

服装采购计划所参考的两个主要信息源分别是上一季度零售商的销售数量和下一季度的流行预测信息。对于零售商的潜在顾客群,时尚买手要充分考虑这两个因素。这两个因素通常是基于有根据的预测之上,即哪种流行趋势可能是顾客所认同的。时尚买手需要熟悉公司的尺码范围,大部分的商店会有一个服装尺寸的调整方式,这样时尚买手可以决定某款服装是否需要小一些或者大一些的尺寸。

在生产中,服装面料的选择以及设计细节会影响成本,因此时尚买手要意识到一件服装中有多少可负担得起的设计内容,使产品价格最终能被潜在顾客所接受。在采购新一个季度的服装时,时尚买手需要对以下方面进行规划,其中一些是需要商品部门进行指导的:

(1) 采购中服装的数量。采购数量计划基于营销目标而制定,时尚买手需要与相关营销人员共同对新一季销售目标进行商洽,通过对同期实际营业额的比较,预测销售业绩增长比率,结合店铺状况分析(平效、店铺数量等),确定新的销售目标。同时,参考销售数据,对每个品类的存销比进行分析,分析结果一方面可作为调整货品的依据,另一方面也可为新的货品采买计划作参考。

(2)不同种类服装所占比例(高档与低档服装所占比例,或时尚款式与传统款式所占比例)。服装根据时尚程度的不同,可以分为经典类和时尚类。为了使销售获得平衡,时尚买手需要在时尚款与经典款之间找到一个合理的平衡点。根据产品的生命周期特点,一般品牌服装产品可分为基本款(essential)、时尚款或形象款(fashion),以及核心款(core)等。在产品采购计划中,时尚买手可基于不同品类生命周期特点进行采买比例的分配,例如较为传统或经典的服装品类,如男士西装,经典款会占到较大比例,而 ZARA、H&M 等 Fast Fashion(快时尚)品牌,时尚款占较高比例。

同时,基于对不同地区在气候、文化、消费和经济发达水平上的差异以及当地消费者体型方面的特点,在产品的款式、尺码和品类上也需要制定差异化采购和配货的计划。从产品品类配比的深度来看,上装、下装、配饰和其他产品的比例也需要进行一定的协调。一般而言,一款下装可以用于搭配一件以上上装,上装数量会略多于下装,买手需要根据实际销售和库存数据统计出合理的上下装配饰配搭比例,并结合产品款式、色彩和自身积累的经验拟定采购计划。某品牌2014秋冬波段规划如表3-9所示。

表3-9 某品牌2014秋冬波段规划

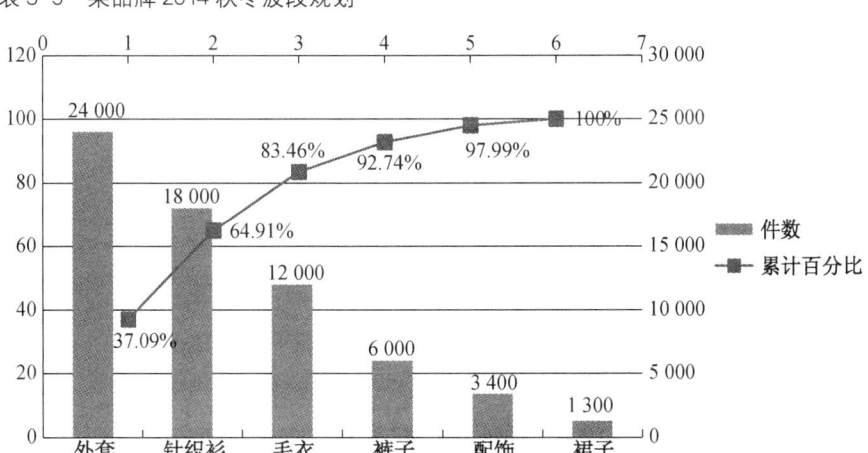

（二）制定商品计划

制定商品计划有两个方法，它们是从上至下计划和从下至上计划。

从上至下计划（top-down planning）是指由高级管理层估算未来时间段内的总销售，然后根据每个部门过去对整个店铺销售的贡献制定其预期销售。从上至下计划的好处在于相对于其他员工而言，最高管理层对于企业面临的所有经济形势和竞争形势总是有着更透彻的洞察力。

从下至上计划（bottom-up planning）是指店铺的计划销售是通过把由每个部门经理制订的计划销售数字加在一起来确定的。许多大型零售商同时采用从上至下法和从下至上法，然后再通过一系列讨论和协商获得店铺及各个部门的最终计划销售数字。

在第二模块中曾谈到，新的服装采购主要是针对每年的两个销售季——春夏季和秋冬季，时尚买手会根据季节性天气和流行趋势的变化不定时地制定计划。由于大部分商店实际上是在冬季上市春季服装，那么"春季"这个叫法就不够准确。时尚买手必须要保证他们第一阶段的服装能应对寒冷的气候。随着少量新款服装加入现有商品库存中，一个服装季内的变化也会越来越多。多数服装公司会选择在1月份发布春夏服装，并且将它们的销售与库存的销售分开进行。新采购的产品会在商店橱窗中展出，以引起消费者的关注和购买欲。

在同一季的不同时间进行服装采购被称为"波段"，每一季有6个波段，也就是每个月为一波段。在每一波段服装采购范围会被细分在商店的特定销售区域，它们会被一起销售或者会被列在网站主页的同一个页面或同一个目录中销售。对大多数的零售商来说，从12月底到次年1月中旬通常在进行降价销售。大部分商店至少每隔6周会进行一次服装采购,使其服装款式不断更新以提供给顾客更大的选择范围(如表3-10所示)。这也促使了工作在市场部门中的时尚买手不断地安排新品采购计划。特定商品会有明显的季节性的销售模式,尤其是在一些特殊气候下穿的服装,如泳衣或大衣。对于大中城市的消费者来说,每年至少去国外度假一次已是惯例,随着冬季流行去热带地区旅行,使一些商店需要全年备有一定数量的泳衣。

表3-10 某品牌2015年冬(波段2)品类件数比例

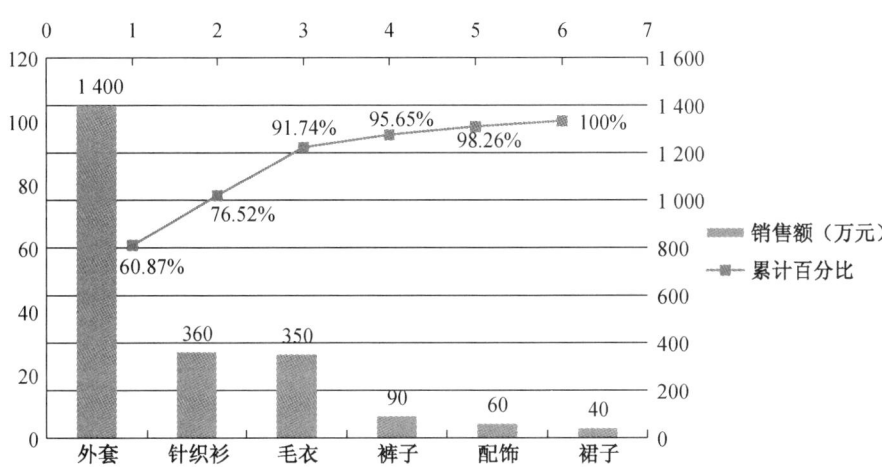

在一些零售企业,全年计划替代了传统的半年商品计划。这样,时尚买手和他的上级(销售总经理、销售部门经理)可以进行规划分析以及合理的调整。当然,提前1年做计划对于时尚商品来说时间过于长远,其间可能会产生变化。

在完成半年计划或全年计划并制定完成进货模式之后,时尚买手必须制定出商品采购计划,以便于根据现有商品与已订货商品情况来调整自己的采买活动。在商品采购过程中,时尚买手尽可能地遵循既定采购计划是非常重要的,但这并不意味着时尚买手没有任何的灵活性与变通性。一旦有新发现的合适商品但又没有被纳入采购计划时，时尚买手就应该及时调整计划并改进已确定的进货模式。但在进行调整时，时尚买手必须注意，既不能轻易被供应商左右，又要仔细考虑原计划的合理性。通常情况下，只要在设计过程中做到了明智、理性，日后就没有对计划进行大范围调整的必要。经验丰富的时尚买手会认识到尽早地订货与购货可以确保商品在适当时间到货的必要性。意识不到这一点，商品的销售时间就会相应缩短，从而使商场在竞争中处于不利地位。由于商场一般都会要求严格执行采购预算，因此在实施采购计划时，时尚买手必须不断了解并认真考察涉及可买商品与应买商品之间差异的存货变动情况。

在每一个销售季节，时尚买手都会面临一个共同的任务，即确定需要的商品存货量。对时尚买手而言，决定哪些商品需要大宗采购，哪些商品需要少量购进，并不是一件容易的事情。对此，虽然以往的销售记录能够提供一定的帮助，但相对于完成进货模式而言，这种帮助显然是远远不够的。每年，供应商都会提供一些新的款式。其中的一部分与当前的畅销款类似，也有一些商品与之前款式相同，但材料与颜色却有显著区别，还有的商品则在设计方面完全不同于当前的流行款式。由于这些商品对时尚买手而言是全新的，因此时尚买手一般要通过咨询专业市场人士、查阅商业报纸与消费者杂志，以及参加研讨会等方式，获取确定每一款式商品采购量的信息支持。

当然，这并非意味着时尚买手不会为所供职的时尚类商场采购最新款设计的商品。流行变化太快，因此很难预测消费者对此类商品的喜好。事实上，时尚买手此时面临的主要问题在于确定应购进每一款式商品的数量。例如，如果当前的销售趋势是迷你裙，而新系列中却有多款及膝裙，在这种情况下，时尚买手通常就很难确定这些商品各自的采购量。商品越时尚，计划越复杂。如果商品是每年都销售的常规品种，则需要根据下一季节的颜色趋势来调整色彩。同样,依据以往的销售数据,零售组织中的每家店铺各自所需要的商品数量也不尽相同。在拥有多种新流行趋势与商品样式的销售季节,制定进货模式会变得更加复杂与困难。时尚买手必须将进货模式分解为商品种类、商品子类、款式、价位、尺码和颜色等部分。

(三) 采购时机

何时进行货品采购需要根据产品上货计划作出详细安排,以保证新款适时进店上柜,在恰当的时机有效地销售产品。时尚买手需要对历史同期上货情况进行分析,同时针对新产品的特点和市场需求制定新的上货计划,进一步确认合适的产品采购时机。

在春夏季和秋冬季,时尚买手需要根据季节性天气和流行趋势的变化制定采买计划,少量新款逐步加入流通领域,使得一个服装季内的款式变化多种多样。通常,服装企业会选择在年初发布春夏季服装新品,并将这些新品的销售与库存销售分开进行。在同一销售季节的不同时段进行的服装采购波段,每季有6个波段甚至更多(根据服装品牌的时尚程度和定位进行确定),时尚买手对每一波段的采购范围进行细化,根据市场实际情况及库存等对新品上货、降价销售时期,及时作出调整和与之相配合的采购计划。之前已提到,大部分商店至少每隔6周会进行一次服装采购,以保证店铺内商品的不断更新,提供给消费者更多的选择。而特定的商品则会有比较明显的季节性销售模式,如泳装、大衣及羽绒服等。

许多因素都会对服装采购计划的制定带来影响,进而影响产品的销售和企业的发展。时尚买手通常会实时关注采购的执行并且还要了解外部的因素。这些因素包括:企业的资金预算、其他部门的业绩和工作配合程度、管理者的决策能力和掌控能力、当时的社会情况和流行趋势、经济政治形势、竞争对手的采购计划、消费者的购买意愿、合作供应商的配合程度和生产能力以及其他客观因素,如天气气候等。

三、实施采购计划

时尚买手的成功在很大程度上取决于其对进货渠道的选择。他们必须时刻认识到,自己的工作能否取得成功。事实上,成功依赖的是商品的实际销售所带来的利润,而不是所选择商品的吸引力。也就是说,时尚买手不能仅凭借商品拥有成为热卖商品所必需的各项特征就购入某种商品,如果供应商不能及时供货,或难以满足采购需要,时尚买手仍然不能签署订单。因此,在选择供应商的时候,时尚买手必须综合评价一系列因素。

(一) 供应商的选择

理论上,采购商品的绝大部分比例应集中在一些主要供应商身上,并拿出一部分订单留给新供应商作为考察性尝试。在确定了主要供应商之后,零售商就成为了这些供应商的重要客户,并能凭借这一点要求供应商对自己的订单多加考虑。当然,事实上由于许多零售商需要大量供应商来满足自己的商品需求,供应商有时并不能满足零售商的要求。根据商场的规模以及经营商品的种类,各公司选择的主要供应商以及尝试新供应商的数量都各不相同。

时尚买手与供应商的相互尊重、信任与合作对确保双方获得长期利润是必不可少的。但遗憾的是,现实中却并非总能实现这一点。当供应商手中持有热卖商品时,他可能由于需求量过大而不能满足所有的订货要求。此时,选择迅速给哪家发货并拒绝哪些零售商的订货要求,则通常取决于各商家在忠诚度与盈利水平方面的相对重要性。如果必须要得罪某些商家的话,与大型零售商相比,小型零售商被选中的可能性会更大一些。在商品退货时,情况也是如此。商场规模越大,其获得的退货自由度就会越高。虽然难以超越零售巨头所拥有的大额采购力优势,小型商场却能够通过限定少数几家主要供应商来提高自己的相对地位。这种策略对规模较大的零售商同样适用。在供应商手中商品数量不足的情况下,订货最多的客户通常会受到优先对待。

在很大程度上,时尚买手与供应商的关系是建立在供应商在某些方面所拥有的可依赖性以及诚信度之上的。如发货商品与样品的一致性,供应商不会未经同意就更换商品颜色、尺码和款式,以及接收合理的退货要求等。无论是大型零售商还是小型零售商,只要将绝大部分商品采购限定在少数几家供应商身上,就会有助于改善与供应商的关系。但需要注意的是,这种做法需要保持一定的限度。时尚买手必须留出部分采购预算用在新供应商身上,以购买能够增加公司盈利水平的商品。

尽管我国服装企业已进入跨国企业采购供应链,但是除了成本、交货期和质量等优势要素外,人民币升值或贬值、出口退税、社会责任、环境保护、非贸易壁垒等其他衍生出来的服装供应商环境条件,也增加了服装外向型企业发展的难度。在选择供应商的过程中,时尚买手还必须考虑其他许多因素,主要包括:供应商销售的商品类型,供应商的分配政策、商品促销政策、广告补贴、运输与存货费用、与供应商的合作关系、竞争价位以及对采购订单具体要求的守信程度等。

1. 经营商品

一个合格的供应商应该做到灵活机动,并能根据市场需要进行适时调整。在早期推出的商品系列中缺少某些款式,而这类款式受到了市场的追捧,供应商应当主动增加此类商品的数量。做不到这一点,时尚买手就可能会考虑从其他渠道实施采购。供应商必须明白的一点是,单纯固守自己的原始商品种类就可能提供不出在销售季中能够大获成功的商品。

如今,越来越多的零售商倾向于拥有满足各自具体要求的专供商品,且通常会在这些商品上贴上商场自有的商标。为购进这些商品,时尚买手必须选择那些能够满足所有要求的供应商。通常情况下,由于较大的需求量,此类商品一般由大型零售商拥有,且其种类也呈现出了稳步增长的态势。由于此类商品的排他性特征,供应商通常会为零售商提供使其免受竞争威胁的价位。

2. 供应商的分配政策

除了被进行密集广告宣传的商品、品牌"便利商品"(即无需花费太多努力就可购得的商品),以及时尚类零售企业必须拥有的设计品牌商品外,没有任何时尚买手希望购进与竞争对手相似的商品。因此,在选择供应商时,时尚买手应尽量寻找那些同意将特定款式商品的供货范围限定在特定区域的供应商。但美国的法律却明确规定,任何企业只要拥有良好的信用资质等条件,其采购要求就必须得到满足。因此,供应商不能仅依据自己的判断而设置排他性的分配策略,这就使得想要实现上述目标的时尚买手面临更多的困难。

限定供货范围有助于使零售商签署规模更大的订单,因此供应商也会采取多种手段解决这一问题。他们可能会设定一个最低进货标准,以将不符合条件的零售商排除在供货名单之外。供应商也可能会限定生产量以根据意愿或双方关系选择供货对象,晚下订单的零售商将会失望地发现商品的准时交付不能得到保证,进而难以满足销售的需求,可能因此自动放弃采购。最后,许多供应商还会制定专门的配货政策,将特定商品在限定的零售商中进行分配,这样零售商对此商品就能获得某种程度的独占性。由于其他零售商可能仍在经营这一品牌的商品,因此供应商并未因此而触犯法律。同时,由于其他零售商所经营的商品与限定分配范围的商品有所不同,因而也不会对拥有限定商品的零售商造成竞争。

3. 商品促销政策

越来越多的零售商开始实行限期销售降价商品的策略。在此期间,商场会推出降价的滞销商品与时尚买手专门以低于正常批发价的价格所采购的商品,并通过两种商品的混合销售来提升整体加价率,进而获得更高的利润。

几乎所有的生产商都会有一些销售状况并不尽如人意的商品。因此,与零售商一样,供应商也必须对其进行降价处理。一些供应商通过自己的工厂折扣店处理这些商品或将商品出售给专门从事低价零售的商家。另外一些供应商则制定了专门的促销政策,并由其老客户享有购买这些商品的优先权。例如,在女式泳装行业,态度鲜明的生产商通常在出清库存前,由老客户先决定是否购进这些商品。供应商一般会在零售季节中期进行商品降价,这样零售商就有机会得到更低的价格,一旦零售商实现了这些商品的销售,其利润率将会是非常可观的。

4. 广告补贴

在如今的零售行业,经营的促销费用变得越来越高。持续上涨的印刷与播出广告的费用使一些零售商不堪重负,为节约公司的广告预算,他们经常会尝试着要求供应商提供部分广告补贴。这也就是通常所说的"合作广告"概念。通过这一项目,供应商会与零售商各自承担 50% 的广告费用。因此,如果零售商拥有 100 万美元的广告预算,那么他们就可实际支出 200 万美元。但并非所有的供应商都会参与这一项目,对那些小型供应商而言，尤其如此。在这种情况下，时尚买手就必须认真评估购买其商品的必要性，并在可提供广告补贴的供应商不能提供同类商品的情况下，才选择从该供应商那里进货。当然，如果该供应商的商品能为零售商带来可观的利润，这种采购还会一直持续下去。

5. 运输与存货保管

与零售企业相似，供应商的规模也差异很大。部分供应商仅从事大宗货物的经营，而其他规模较小的供应商则无力承担规模较大的订单。因此，时尚买手在选择供应商时，必须充分考察其供货能力与交易意愿。供应商的货物交付行为具有多方面的重要性。最重要的一点是，时尚买手必须确认供应商能够在交货期限内发出货物，以确保在需要这些商品时有货可卖。如果做不到这一点，消费者就会转向其他地方进行购买。

订单与追加订单货物的交付速度同样是一个非常重要的因素，对时尚类商品而言，情况更是如此。交货速度越慢，零售商在预期销售周期内销售货物的时间就会越短。与货物交付速度相关的另一个重要问题在于零售商的库存与财力状况。越来越多的零售商认识到存储商品所引致的额外费用，且在库存的限制下，他们经常不能购进希望达到的商品量。也正因为如此，迅速、便捷的商品交付对商场充实商品并满足消费者需求就显得尤为重要。就财力状况而言，大型订单通常意味着较高的财务费用，而这往往又是许多零售商所难以承受的。在这种情况下，小批量订购并能够根据需要再追加订购多种商品就成为了减少财务负担、有效发挥资金效率的有效手段。

在现实中，时尚买手会迅速掌握供应商在货物交货方面的信誉。因此，在准备购买新商品的时候，时尚买手应首先考虑那些在交货方面表现良好的供应商。

6. 竞争性价位

显而易见,时尚买手只能在零售商预先设定的价格范围内选择商品。但在每一个价位水平下,总会有多家供应商经营着同样的商品。因此,时尚买手必须经过比较后确认哪家的商品可为商场获得最佳的盈利水平。例如,如果时尚买手预先设计的存货模式需要购进一批中档价位的毛衣,零售价范围为350～400元。根据商场的加价率,这些商品的进价就应在150～170元。在全面考虑商品的款式、质量、色彩、种类以及质地等方面因素的前提下,时尚买手就会选择价位最适合的商品。即如果一种商品的进价为150元,而另一种商品的进价为160元,虽然10元的差价对消费者来说无关紧要,但在采购数量较大的情况下,由此导致的附加利润将对零售商产生相当的积极意义。因此,买手应选择150元的商品。只有在所考虑的各种商品不存在显著差异的情况下,竞争性价位才应纳入时尚买手的考虑范围。毕竟,价格并非时尚买手需要考虑的唯一因素。

7. 遵守采购订单要求的程度

时尚买手签署订单时,会详细注明要采购商品的款式、颜色、尺码、交货日期、折扣条款等一系列情况。这些对于时尚买手提前设计的半年计划以及存货模式都是非常重要的。因此,订单只有得到有效的执行才能确保销售的商品组合能够满足消费者需求。

时尚买手认真进行商品规划只是确保销售成功的一个因素。为确保经营成功,时尚买手选择与之签署订单的供应商还必须严格执行订单内容。虽然这看起来是一件理所当然的事情,但现实中,订单的执行却经常出现偏差。一些供应商会使用多种借口偏离订单的具体要求,如交货商品的颜色不符或任意调换商品颜色,交货的尺码与要求不一致,交货商品的材质不是样品所使用的材质,商品生产时间比预期延长进而延误交货日期等。

由于时尚买手了解什么商品最能满足消费者需求以及何时购进最有利于满足这些需求,因此任何偏离订单要求的行为都可能会因严重影响零售经营而难以为零售商所接受。这些和原采购订单不相符合的商品将会严重影响销售,并且不能被时尚买手所接受。严格遵守订单是供应商必须承担的一项责任。对于那些违反订单要求的供应商,时尚买手一般都不会再将其列入未来实施采购计划的考虑范围之列。

(二)供应商的评估

时尚买手必须对自己所负责的每一价位商品的供应商进行定期评估,以将那些未能达到预期要求的供应商从未来的采购计划中剔除出去。为此,时尚买手应填写多种不同的表格,以便迅速评估每一个供应商对本公司的盈利贡献能力。1966年,美国学者Dickson开始系统地研究供应商评价问题,整理出23项评价供应商的标准,并随后向美国经理协会的273位买手(采购经理与采购代理)进行了调查。按照重要性原则,笔者对这23项标准进行了排序,结果为:品质、交货期、过去绩效、客户技诉与反馈策略、生产设备与产能、价格、技术能力、财务状况、客诉处理能力、沟通系统、业界声誉、商业关系、管理组织、管理控制、修复服务、服务态度、过去印象、包装能力、劳资关系、地理位置、过去营业额、训练及相互协调,其中,品质、交货期和过去绩效为主要标准。

通过对服装企业进行问卷调查,从初步设定的8个指标中萃取供应商素质、交货期准备、信息传输、生产能力、成本价格、质量状况、服务能力7个特征指标,建立了服装供应商一般评价指标体系(如表3-11所示)。

表 3-11 供应商评估体系

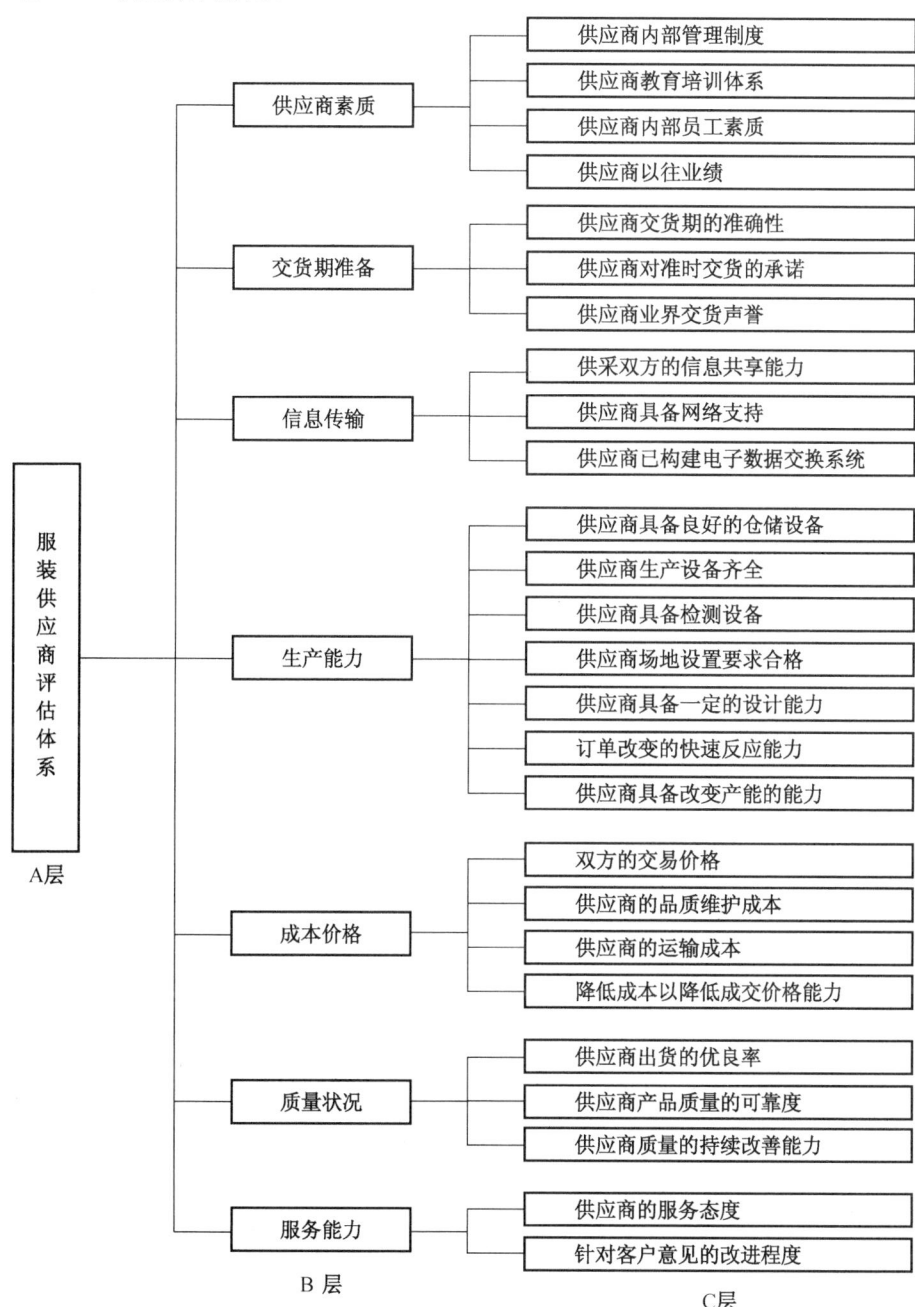

如今,计算机程序生产商不断推出越来越多的软件,为时尚买手更好地进行采购决策提供了多方面的帮助。无论是 IBM 等计算机行业巨头,还是一些小型计算机公司,都研发出了多种不同的计算机程序供零售企业使用。一些大型零售企业甚至还雇佣了专业的计算机人员为公司开发专用软件。无论采取哪种方式,时尚买手都可凭借这些软件迅速获取制定决策时所需要的几乎所有信息。具体而言,除了前面提到的,时尚买手评估供应商时所需要的信息还包括以下几项:

(1) 商品发货数量与结算的准确性。

(2) 供应商确保准时交货的能力。

(3) 价位的准确性。

(4) 换货记录。

(5) 退货记录。

(6) 处理变更情况。

(7) 采购条件。

(8) 广告与促销补贴。

(9) 遵守发货条款的程度。

(10) 满足特殊要求情况。

(11) 再订货的时间结构。

(12) 保证商品专供方面的可靠性。

除了上面提到的这些外,零售企业还会根据各自具体需要来记录其他供应商信息。

(二) 采购谈判

采购谈判(acquisition negotiations)是指企业为采购商品作为买方与卖方关于购销业务的商务谈判。服装的采购谈判内容包括:商品的品种、规格、技术标准、质量保证、订购数量、包装要求、售后服务、价格、交货日期与地点、运输方式、付款条件等。

双方经过反复磋商,谋求达成双方都满意的购销关系协议或合同。在买手制服装企业实施采购时,时尚买手是采购谈判的主角。

1. 谈判准备

无论是谈判还是格式化的合同,都有许多购买条款需要具体磋商,包括送货日期、购买数量、价格和付款安排、折扣、送货方式及所有权转移时间等。谈判准备工作做得充分将在很大程度上影响谈判的进程与结果,因此时尚买手应十分重视谈判前的准备工作。通过对有关谈判资料信息的搜集、整理、分析,能够使时尚买手了解、把握采购谈判中可能出现的问题,做到胸有成竹。

1) 采购需求分析

采购需求分析包括服装的品牌、价格、渠道等分析,即在采购谈判之前明确企业需求什么、需求多少、需求时间,并列出企业物料需求分析清单。

2) 服装市场供需与竞争信息调查

服装市场供需与竞争信息调查包括对市场上有关服装的供给、需求、销售、产品竞争等信息资料的调查分析,以此为采购谈判的决策提供依据。对于不同的市场供应状况(供过于求、供不应求或供求平衡),时尚买手要制定不同的采购谈判方案和策略。

(1) 销售信息:①了解该类服装各种型号在各地市场的销售及价格波动情况;②该类服装的需求程度及潜在的销售量;③顾客和其他店家对该类服装的评价和要求等。

(2) 竞争信息:①生产同种所需服装供应商的数量及规模;②与采购服装种类相关的信息;③所需服装是否有合适的替代品及替代品的供应商;④同类服装的各主要品牌市场占有率及未来变动趋势;⑤竞争服装的品质、性能与设计开发能力;⑥各主要竞争对手所提供的售后服务方式以及中间商对这种服务的满意程度等。

3) 谈判对手的信息搜集

(1) 资信情况:①调查对方是否具有签订合同的合法资格,可要求对方提供有关的证明文件,如注册证明、法人资格等,也可通过其他途径了解验证;②调查对方的资产、信用和履约能力,资料来源可以是公共会计组织对该企业的年度审计报告,也可以是银行、资信征询机构出具的证明文件等。

(2) 对方的谈判作风和特点。了解谈判对手的谈判风格,对预测谈判的发展趋势、对方可能应对采购的策略以及制定本方的谈判策略等可提供重要的依据。

2. 谈判流程

采购谈判一般要经历询盘、发盘、还盘和接受4个程序。其中发盘和接受是达成交易、签订合同不可缺少的最主要法律步骤。

1) 询盘(inquiry)

询盘是指交易的一方准备购买或出售某种商品,向对方询问买卖该商品的有关交易条件的行为。内容涉及:价格、规格、品质、数量、包装、装运以及索取样品等,而多数只是询问价格,所以业务上常把询盘称作询价。询盘可采用口头或书面形式,在法律上没有效力。但合同订立后,询盘的内容成为磋商文件中不可分割的部分,若发生争议,也可作为处理争议的根据。

询盘的目的主要是寻找买主或卖主,而不是同买主或卖主洽商交易条件,有时只是对市场的试探。如交易双方彼此都了解情况,不需要向对方探询成交条件或交易的可能性,则不必使用询盘,可直接向对方发盘。

2) 发盘(offer)

发盘是指交易的一方为了销售或购买一批商品,向对方提出有关交易条件,并表示愿按这些条件达成一笔交易的行为。发盘又称报价,法律上还称之为"要约"。发盘可以是应对方询盘的要求发出,也可以是在没有询盘的情况下,直接向对方发出。

发盘是每笔交易中必需的环节,具有以下三个必备条件:

(1) 发盘应向一个或一个以上的特定人发出。

(2) 发盘的内容必须具备三个基本要素:服装名称、服装数量、服装价格。

(3) 发盘必须表明,发盘一经受盘人接受,立即生效。

3) 还盘(counter offer)

还盘是指受盘人接到发盘后,可能并不完全同意发盘内容,为了进一步磋商交易,对发盘用口头或书面形式提出修改意见的行为。一经还盘,原发盘即失效,新发盘取代旧发盘成为交易谈判的基础。若另一方对还盘内容不同意,还可进行反还盘(或称再还盘)。还盘可以在双方之间反复进行,还盘的内容通常仅陈述需变更或添加的条件,对双方同意的交易条件无须重复。

4) 接受(promise)

接受在法律上称承诺,是指受盘人在发盘规定的时间内,同意发盘人在发盘中提出的各项交易条件,并愿意按照这些条件订立合同。

接受应具备以下四项条件:

(1) 接受必须是受盘人作出的,第三者作出无效。

(2) 接受必须完全同意发盘人所提出的交易条件。

(3) 接受必须在有效期内作出。

(4) 接受的传递方式必须符合发盘人的要求。

3. 谈判重点

谈判购买的中心议题是价格谈判,其他内容如品质、包装、订购量、折扣、付款条件、交货期、交货配合事项、售后服务保证、促销活动、广告赞助、进货奖励等都是围绕价格展开的。由于价格高低直接关系到所能获得的经济利益大小,所以时尚买手与供应商谈判的实质是成本、价格和价值的问题。价格谈判是时尚买手与供应商之间一系列讨价还价的过程。价格谈判一般包括询价、报价、比价、议价与定价 5 个部分。

1) 询价

时尚买手询价通常有口头询价与书面询价两种方式。

(1) 口头询价。时尚买手以电话、电子邮件或当面向供应商说明采购服装的品名、规格、单位、数量、交货期限、交货地点、付款及报价期限等资料。口头询价的方式相当便捷,但较适合经常交易的双方,且具有规格简单、标准化的订单。

(2) 书面询价。鉴于口头询价可能发生语言沟通上的差异,且口说无凭,若将来发生报价或交货规格上的问题,不但浪费时间,也容易引起纠纷,因此对于比较复杂的服装采购应采用书面询价。

2) 报价

供应商接到询价单后,会作出报价。时尚买手应有主动出击寻求质优价廉供应来源的能力与意愿。因此,企业建立采购制度时,应预留弹性空间让时尚买手发挥,这样才能制定出合理的采购标准。同时,时尚买手也应加强服装专业水准、采购技巧及管理知识的学习和把握。如此,企业才能安心授权,让时尚买手能真正发挥长处,使企业获利。报价按方式可分为口头报价和书面报价,按内容可分为确定报价和附加条件报价。

(1) 确定报价。确定报价指在报价有效期限内,一经买方承诺,交易行为即告确立。因此发出确定报价的各项条件,即成为日后买卖合同的主要内容。

(2) 附加条件报价。附加条件报价指卖方的价格可随时变更,无须通知买方,或报出这种价格须经过卖方确认后才能生效；或当卖方以一批货物同时向两个以上顾客报价，如其中一人接受，对其他买主的原报价或任何其他附带条件的报价即失效。

3）比价

比价主要是指将供应商的报价与采购的底价、供应商过去的报价、供应商产品的成本及其他供应商价格进行比较，以全面地了解供应商的价格，判断报价是否合理。

（1）与企业底价相比较。所谓底价就是企业打算支付的最高采购价格。底价的制定使时尚买手对价格的确定有据可依，但是底价的制定往往需要企业内部人士甚至聘请企业外部的专家来完成，这一点许多中小企业无法做到。底价制定得太高或太低对企业都不利，若制定得太低，一些本可入围的优秀供应商被拒之门外，这样企业就会丧失很多机会成本；若底价制定得太高，就失去了制定底价的意义。一个合理底价的制定不仅需要制定人有丰富的服装知识，还要尽可能多地搜集相关信息，譬如参考类似服装的购买价格、参考专业期刊公布的价格、上互联网查询、从中立的采购调查研究机构获取咨询等。

（2）与其他供应商价格相比较。来自不同供应商的报价可以让时尚买手了解所购产品的大致市场价格。最终选定的供应商可能只有一两家，但其他供应商的报价对采购人员作出正确选择也具有参考价值。

（3）与服装成本相比较。时尚买手将供应商的服装成本与报价相比，看报价是否合理；同时可以将服装成本细分为人工费、材料费、外加工费、制造经费、管理费用、利润，由此判断成本是否偏高。

（4）与供应商过去的报价相比较。时尚买手了解供应商过去有多少产品项目价格上涨（何时上涨、上涨幅度、通报方式），比较供应商的价格上涨模式与该产业的模式（与同业相比的涨幅），了解服装价格上涨的真正原因是成本上涨,还是品质的提高及服务的增多;价格上涨是否合理,若价格下降是否意味着品质下降或服务减少。

4)议价

时尚买手比价后,对服装价格已相当了解,这时就应和供应商面对面议价。议价宜定期实施,如设定每月的某几日,或每周的某一天为议价日。企业应制定一套议价日制度要求供应商和内部人员共同遵循。时尚买手将经过市场调查的商品在议价日安排供应商前来议价。时尚买手在议价之前要做好充分准备,将要谈的条件列举在表格内,作为谈判的底线。若在底线之外,则退回;若在底线之内,则将谈判的结果呈给时尚买手主管裁决。

为了使议价能顺利进行,时尚买手应寻求更多的供应商来源(包括海外),增加议价能力;在成本分析师的帮助下收集成本与价格资料并对其进行分析;限制供应商谈判能力,即提供给对方的信息越少越好,尽量让对方发表意见,仔细聆听并从中找出对策;了解供应商的价格底线,需耐心地透过种种渠道求得,谈判过程也是渠道之一。

4. 促成签约

当议价顺利进行,双方达成共识后,就应积极促成签约。时尚买手在签订购货合同前,必须审查卖方当事人的合同资格、资信及履约能力,按经济合同法律、法规的要求,逐条订立购货合同的各项必备条款。促成签约时需要咨询如下策略:

(1) 即时促成生意。时尚买手可在纸上草拟协议,边写边询问对方有哪些款式、如何供货、愿意把货物送到什么地点及发货时间等。

(2) 主动提出细节问题。当谈判一方决定成交时,时尚买手可主动向对方提出协议中的某些具体条款的签约问题,以表示谈判基本成交,即将结束,如共同商量验收服装的时间、地点、方式、装箱的规格货号及技术要求等。

(3) 向对方明确表示谈判结束。时尚买手可向对方索要银行账号、空白订单或名片,与对方握手,双方共祝谈判成功,这些行为有助于加强对方已经作出的承诺。

(三) 跟单与过程控制

经过采购谈判,即确定采购价格等条件后,采供双方应签订合同。

合同格式可由采购商准备,也可由生产商提供。大型零售组织有自己的专用合同,而小型零售商多采用服装供应商提供的合同式样。无论何种合同样式,都应符合法律规范要求,必要时可咨询有关的法律专家。

签订完合同后,时尚买手团队将以跟单的形式对供应商从生产到交货进行相应的过程控制。跟单英文为 walkthrough,是指从业务的起始一直到业务的结束(一般是财务做账结束)的一整套业务流程。跟单即追踪已经发生或正在发生的服装加工业务,包括各种单据、报表的审核、生产进度的了解以及在加工过程中出现问题的协商解决。

其中,主要涉及的参与人员为买手团队的跟单员(documentary handler 或 merchandiser)。货品及时交付是跟单的重要内容。因此,货品运送的起止日期应在合同上注明,以保证顺利出货。供应商可能有很多理由解释货品延期,如原材料晚到等,但对时尚买手来说是无法接受的。为了准时交货,时尚买手在生产过程中,发现货品有延期现象时,应采取合理的预防措施,如拒收整改将承担赔偿责任,而且这些必须遵守的条款须在合同上明确注明。此外,时尚买手应对各个供应商的准时交货情况进行记录,将其作为供应商的考评指标之一,以保证今后能更为

表 3-12 织造跟单工作的作业流程

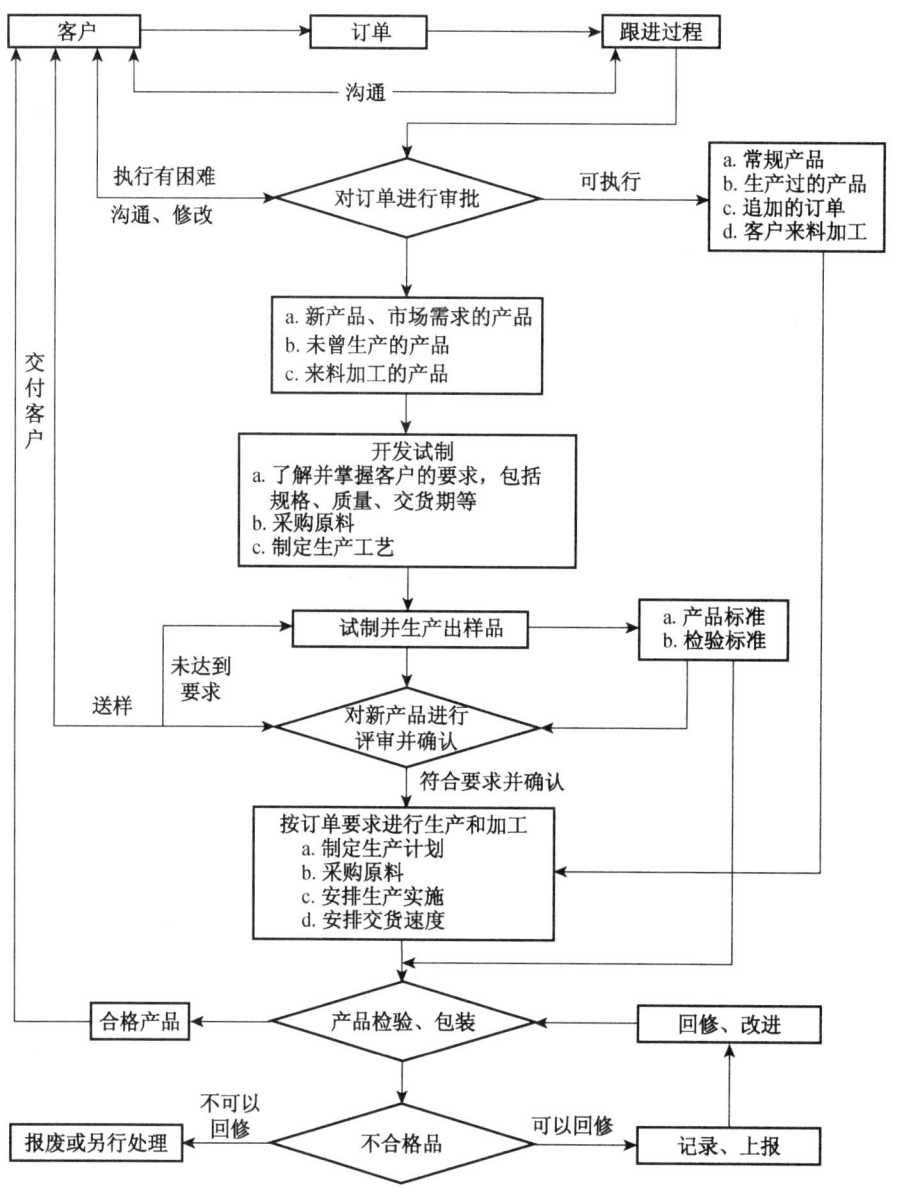

有效合理地选择供应商。

当然,如果由买方提供面辅料时,也应准时送货到加工厂,否则引起的交货延误应由时尚买手承担。表 3-12 是从生产供应商的角度完成整个订单过程的流程图。在从订单下达到顺利交货的过程中,需要生产厂商与时尚买手及采购团队的密切配合。以下分别就面料和服装相应的跟单流程及过程控制进行解析,其中的具体工作多由跟单员落实,但时尚买手也会参与部分工作,以保证对整个流程全面掌控。

拓展与提高

采购限额计划

了解在某段既定时间内时尚买手所掌握的采购资金量是至关重要的。如果时尚买手发现了一种新商品并希望实施采购,他必须有资金方面的支持。因此,有经验的时尚买手永远不会将手中资金全部分配出去,而是要留出一定余地以供采购新商品来更新存货。通常情况下,一种热卖商品可能正是时尚买手提高盈利水平所必需的,但这种商品却可能并未包含在最初的采购计划之中。如果供应商在推出新系列之后需再增加一些新的款式,在这种情况下,时尚买手必须经常性地留出一定的备用资金以供采购此类商品使用。为应对这种情况,关键是要拥有采购限额预算。从技术层面上讲,这个被业内人士称为"OTB"(open-to-buy)的专有名词,指的是买手在一段时期内为实现既定的销售目标所需要的资金减去为采购商品已支付的资金的差额。对于零售商来说,采购限额计划极其重要,因为无论库存是过多还是过少,都会对毛利、现金流以及投资回报产生影响,而这些都与利润有着相当重要的关系。

采购限额预算曾经一度是由手工计算完成，对时尚买手来说这种数学计算绝不是件富有成效的事。现在，这项工作可以利用计算机在几秒钟内更加快速、准确地完成。尽管计算机程序能够迅速为时尚买手与销售经理提供此方面的计算结果，但了解手工计算的过程对时尚买手进行采购决策同样是非常重要的。通过手工计算，一系列原本由计算机计算的案例都变得更容易理解。下面的例子说明了机动资金预算的基本原理，并解释了计算过程中的相关变量。

采购限额预算 OTB ＝ 本期计划销售额 ＋ 本期计划扣减额
　　　　　　　　＋ 计划期末存货(计划安全库存) － 期初存货
（上月安全库存和死库存）

OTB 计划的获利能力，必须考虑预期的净销售额，零售营业费用，利润以及在给商品定价时候的零售扣减额：

初始加价率(即计划毛利) ＝ (计划的销售费用 ＋ 计划利润 ＋ 计划扣减额)
　　　　　　　　　　÷ (计划净销售额 ＋ 计划扣减额)

案例　某时尚买手在 5 月 1 日的商品期初存货总量为 $30 000，预计月底 5 月 31 日的商品期末库存数量控制在 $34 000，本月的计划销售额为 $26 000，本月的计划商品减价损失为 $2 500。在 5 月 1 日的时候，时尚买手还有价值 $8 000 的商品订单已经发出还没有收货，预计商品加价率为 45%，请计算出这个时尚买手的 OTB 计划采购计划。

解析

计划需求量 ＝ 计划销售额 $26 000 ＋ 商品计划减价损失 $2 500 ＋ 商品计划期末库存数量 $34 000 ＝ $62 500

可供销售的商品总数量 ＝ 实际初期库存总量 $30 000 ＋ 商品订单在途数量 $8 000 ＝ $38 000

OTB 销售额＝计划需求量－可供销售的商品总量
　　　　　＝＄62 500－＄38 000＝＄24 500
OTB 成本＝＄24 500×(100％－45％)＝＄13 475

根据所分配的资金份额,时尚买手必须填写一些必要的表格,将今后6个月计划采购的商品分别以具体数字表示出来。虽然在制定半年商品计划的过程中,销售记录通常是时尚买手进行采购决策参考的主要指标,但前面已经提到的外部信息,同样会对时尚买手的资金分配计划提供帮助。不仅如此,有些指标如联邦储备银行发布的经济状况报告(美国)等,也经常作为时尚买手进行采购决策时的重要参考。如果经济前景比较悲观,那么减少此类商品的采购就会是一种比较明智的选择。商品采购计划非常重要,如果在制定该计划的过程中,时尚买手仔细分析了每一项指标,那么,他所制定的商品计划的获利潜力就会得到显著提高。表 3-13 是一份半年商品采购计划,对其中的一些不同的种类与标识,我们可能不是很了解它们的具体含义,这里解释如下:

(1) 对于拥有超过一家分店的零售组织来说,每一家分店都有一个代码,且各分店之间货品的差异清楚地显示出时尚买手对各分店资金需求的估算。

(2) 降价率表示每一时间段内时尚买手预计需要降低售价的商品比例。

(3) 需要存货量表示时尚买手对所需商品月初存货量的意见。

(4) 平均存货水平表示 6 个月时间里的平均存货水平。

(5) 周转率表示存货周转率,即某分店在某一时期销售平均存货量的次数。对此,我们将在下一个环节实施采购计划"商品定价"中进行详细说明。

表 3-13 某品牌秋冬 OTB 采购计划表

大类名称	SKC	销售额	%	均价	平均件数/款	件数	0~200 199	200~300 249	300~400 349	400~500 429	500~600 549	600~700 629	700~800 749	800~900 849	900~1 000 949	1 000~1 200 1 199	1 200~1 500 1 399	1 500~2 000 1 699	2 000~3 000 2 499	3 000以上 3 999
半裙	6	26 280.00	0.7%	548	8	48			15%	45%	15%	25%		10%		5%				
衬衫	6	25 284.00	0.7%	602	7	42			15%	35%	15%		15%	10%		10%				
皮/腰带	8	3 920.00	0.1%	245	2	16	80%			20%										
套头针织	10	13 686.00	0.4%	456	3	30			14%	60%	20%	4%	2%							
棉服	6	119 250.00	3.4%	663	30	180			5%	15%	40%		15%	10%	8%	5%	2%			
风衣/大衣	2	46 044.00	1.3%	1 279	30	36									30%	30%	15%	25%		
裤子	8	191 376.00	5.4%	1 329	18	144								10%	20%	35%	15%	25%		
连衣裙	14	102 060.00	2.9%	608	12	168				30%	35%	15%	10%		5%	10%	5%			
马夹	10	155 900.00	4.4%	780	20	200				5%	20%	30%	10%	10%	10%					
羽绒服	2	19 965.00	0.6%	666	15	30			5%	10%	30%	20%	20%				5%			
毛衫开衫	2	63 160.00	1.8%	1 579	20	40					10%	10%	25%		20%	5%	45%	45%	5%	
外套	18	194 832.00	5.5%	902	12	216			25%	5%	10%	35%		25%	15%	5%	5%	5%		
帽子	16	156 552.00	4.5%	890	11	176			45%		25%			15%	15%	10%	10%	5%		
围巾	6	5 832.00	0.2%	324	3	18	50%		25%	5%				5%						
包	12	27 972.00	0.8%	333	7	84		45%	45%		15%		10%							
首饰	12	10 056.00	0.3%	419	2	24	75%	25%												
鞋	13	5 499.00	0.2%	212	2	26				5%	15%	15%	50%	15%	25%	35%				
总计	10	29 376.00	0.7%	877	6	48			75%											
总计	161.00	1 197 044.00	35.0%																	
半裙	9	25 416.00	0.7%	706	4	36					45%	15%		15%	25%	15%				
衬衫	3	17 304.00	0.5%	824	7	21				5%	5%	20%	25%	25%		5%	5%		5%	
皮/腰带	7	25 416.00	0.7%	245	1	48	80%			20%										
套头针织	12	54 558.00	1.6%	650	7	84					40%	30%	10%	10%	10%	5%				
棉服	9	156 420.00	4.5%	790	22	198			25%	5%	15%	15%	20%	20%	15%	5%	5%			
风衣/大衣	15	171 990.00	4.9%	1 274	9	135			45%	5%				5%	25%	35%	20%	10%	5%	
裤子	18	385 308.00	11.0%	1 529	14	252			75%			25%	30%		10%	25%	30%	20%	15%	
连衣裙	21	118 524.00	3.4%	706	8	168				5%	20%	35%	15%	15%	5%	5%	5%			
马夹	9	37 327.50	1.1%	830	5	45		25%			5%			20%	10%	10%		5%		
羽绒服	3	24 420.00	0.7%	814	10	30					20%		50%		20%	10%				
毛衫开衫	30	1 106 280.00	31.5%	1 537	24	720					5%	5%		10%	5%	15%	30%	45%	5%	
外套	15	97 470.00	2.8%	1 083	6	90							15%	15%	30%	30%	15%	5%		
帽子	6	41 598.00	1.2%	1 156	6	36					25%	5%	20%	25%	25%	20%	25%	10%		
围巾	6	3 888.00	0.1%	324	2	12	50%		25%	5%				5%						
包	15	19 980.00	0.6%	333	4	60		45%	45%	5%	15%		10%							
首饰	6	5 028.00	0.1%	419	2	12	75%	25%												
鞋	9	25 416.00	0.1%	877	1	48			75%		15%		50%			35%				
总计	199.00	2 316 695.78	65.0%	14 306																

库存控制

作为时尚买手,你必须一直关注你们店铺或部门的存货量。存货过量意味着在买货、销售或是定价上有问题。例如,也许你没有采购到顾客想买的商品,或是销售人员没能尽心尽力地进行销售,或者相对于产品质量来说商品的定价不准确。你在计算还有多少钱能采购额外的商品时也需要考虑存货信息。对库存周转率、销售季节结束后成为存货的商品以及转到下一销售季节销售的商品数量等存货数据进行核查,能够使上级主管更了解时尚买手的工作效率。

在决定了要经营的商品分类之后,必须建立存货控制系统(inventory control system)。这些控制涉及根据变化的消费者需求来维护库存水平。零售商采用的存货控制系统的类型会随着公司的类型和规模,以及所拥有的信息种类和数量而变。例如,对于一个有着数千种不同产品的五金器具这样的部门来说,其存货控制可能与服装这样的商品部门有很大不同。一个好的存货控制系统有以下好处:

(1) 能更为有效地维持销售与存货间的恰当关系。没有到位的存货控制程序,店铺或部门的库存可能不是过量,就是不足。

(2) 存货控制系统通过辨识动销慢的商品,给你提供做降价所需要的信息。在季节开始的早些时候发现这类商品能让你在顾客需求完全消失之前削减售价,或者及时调整营销策略。

(3) 商品控制系统让时尚买手得以在当季足够早的时候辨识出最畅销的产品,这样可以下订单追加,从而为店铺或部门增加总销售额。

(4) 可以用存货控制系统来辨识商品短缺或损耗(shrinkage)。过量的减损意味着需要采取更为有效的商品控制来减少员工监守自盗或店铺失窃情况。

时尚买手必须设立一套控制流程,让其能根据商品计划分析当前形势,并对偏差加以纠正。例如,你可以将实际存货量与计划存货水平进行比较,判断出店铺或部门库存过量;然后你必须决定需要什么样的矫正手段:也许需要削减未来的商品订单,也许需要降低价格来提高销售,或是可能需要对销售人员加强训练。作为一个时尚买手,你的工作就是要决定最恰当的纠正办法。控制系统能让你发现已经犯下的错误,或是需要立刻加以关注的地方。为了达到最佳效果,存货控制系统还必须及时提供信息,让你可以在问题还能得到纠正时亡羊补牢。有两种基本类型的存货控制系统——永续盘存制系统和定期盘存制系统。

库存周转率(inventory turnover)一般缩写为 ITO,是指某时间段的出库总金额(总数量)与该时间段库存平均金额(或数量)比,反映了一定期间内库存周转的速率。一般来讲,库存周转速度越快,存货的占用水平越低,流动性越强,存货转换为现金、应收账款等的速度越快。如某制造公司在 2016 年一季度的销售物料成本为 200 万元,季度初的库存价值为 30 万元,该季度末的库存价值为 50 万元,那么库存周转率为 $200 \div [(30+50) \div 2] = 5$ 次。相当于该企业用平均 40 万元的现金在一个季度里面周转了 5 次。在服装业内,ZARA 除销售额外又创造了另一个库存的神话。正如 Inditex 的首席执行官 Castellano 所说:"在时装界,库存就像是食品,会很快变质,我们所做的一切便是减少反应时间"。ZARA 的服装库存总是能保持在相当低的水准上,如存货周转率高达 11 次/年、财务年度周转天数为 23 天(国际平均水平是 55~65 天),在总销售中只有约 15% 的产品需要打折出售(多数竞争对手为 30%~40%),也就是说,人们总能看到新货。且更多的情景是,ZARA 的新款一上架,便能在很短的时间内销售一空,原因是 ZARA 总是保持着每周更换款式 2 次,每种款式上架不超过3周的运营规律,这是高库存周转率的保证。

情景案例

个体买手的小型服装集合店运营轨迹

小型服装零售店经营规模较小,店铺老板或店长往往担任时尚买手的所有职责(以下称"个体买手"),通过"组货"实现终端零售,并且直接承担店铺销售与管理工作。在我国,小型服装零售店分布区域广,大至中心城市,小至偏远乡镇,都可以发现它们的踪影。小型服装零售店买手也称为个体买手,他们从服装供应商(或中间批发商)那里采买单件或少量服装货品用于直接销售。采买服装的风格、数量、款式、种类配比等主要依靠自身的销售经验及市场需求确定。

目前,依据店铺服务消费对象的不同,小型服装零售店可细分为两类:一类主要面对服装穿着要求较高、追求时尚个性、服装花费较高的消费者群体,主要分布于消费水平高的中心城市;另一类则主要面对购买廉价服装、着装要求一般的大众消费群体。个体买手需要了解目标消费群的品位和真正需求,准确把握市场信息,并且具备较好的专业眼光、丰富的销售经验和一定程度的店铺陈列及管理知识。

小型服装店个体买手采购服装货品的地点可以是服装批发零售市场,也可以利用社会资源开辟其他途径,如高档小型服装店甚至去海外采买服装。采购服装货品不同及采购渠道不同,店铺的运营方式也不同。

1. 个体买手工作经历

岳女士为个体服饰经营者,曾在一家国际品牌中国区做过时尚买手,具有丰富的实务工作经验。离开公司后,岳女士立志做一位有理想的小型服装店铺经营者和个体买手。

2. 买手经营模式——另辟蹊径

在岳女士开店前,宁波的名牌服装店随处可见,服装生意的利润空间越来越小,很多原来从事该行业的个体户转行做了其他生意。而她却坚信,服饰产品市场潜力大,只是大多数服装品牌发展尚不成熟,产品的款式开发没有做好。岳女士认为,个体买手的经营模式有利于在众多的品牌中挑选合适款式供消费者选择。

3. 明确市场定位

如同推出一个新品牌一样,开设小型服装零售店同样要进行详细的市场调查,了解市场需求,从而明确店铺经营服装的市场定位。岳女士在对宁波的服饰市场进行了细致调研后,发现个子不高,却追求时尚品位的女孩服装,尤其欧款风格服饰的市场存在缺口,90%以上的女性对欧款风格服饰情有独钟,而市场上55%以上的该类品牌服装价位都在1 500~5 000元,超出了绝大多数女孩的购买能力,这激发了她突如其来的创业灵感。于是,岳女士认为:针对特定消费人群的市场分析,销售具有同类风格但价格相对便宜的欧款服装,必定会受欢迎。因此,其个体服装店铺销售的服装市场定位逐渐明朗。

4. 开拓进货渠道

正确的进货渠道对个体买手非常重要,渠道选择的正确与否将直接影响购进货品的质量、价格以及与店铺定位的吻合程度。在店铺开张前期,岳女士也曾考虑像广州很多店铺一样,到珠三角地区的大型服装厂采购一些具有欧款风格的廉价服装产品。在经过细心的调查之后,她发现同一供货厂家的同类货品面向多个采购商同时供货,同类店铺中所销售服装款式的雷同现象严重,而且服装款式设计达不到自己店铺欧款风格的要求,服装尺码也有问题。

借助以前国际品牌买手工作的人脉关系,岳女士决定采用时尚买手制,引入颜诺国际、8178、露米、JEWD、Cound Zero、

MSGM等国际品牌,结合与2002年就开始代理和托管的品牌éifini伊芙丽、'SEIFINI诗凡黎、Hope Show红袖、Sweet Basil紫淑、1001夜童装、GINSENDO银川堂等品牌进行合作,衣芙名典在宁波成立了。

5. 店铺选址

岳女士对宁波市每个区新白领、金领经常出入的商场进行了详细的观察和记录,并进行数据比较分析,如铺位的性价比等。最后,她选择在高鑫广场打造第一家衣芙名典,卖场面积超过1 000 m²,囊括公司旗下全部品牌及颜诺国际、8178、露米、JEWD、Cound Zero、MSGM等国际品牌,致力于将其打造成宁波一家集百货零售、咖啡吧、美睫美甲为一体的服务体验店(如图3-2至图3-4所示)。

图3-2 宁波衣芙名典体验店

图 3-3 宁波衣芙名典体验店饰品展示区

图 3-4 宁波衣芙名典体验店陈列设计

6. 时尚信息传导下的销售调整

在店铺经营过程中,岳女士与以前合作过的时尚买手保持紧密联系,及时沟通流行时尚信息。她还通过签订长期供货协议的方式,以个体买手形式与外部资源合作进行产品采购。一般情况下,她采购的货品每款仅有20件就能满足自己网点的首次供货。每周她都会进行一些新品的上架调整,以吸引更多的消费者。

7. 店铺升级

经营个体店铺一段时间之后,由于扩大经营规模的需要,岳女士将传统的店铺以服务体验店的形式呈现给消费者。同时,她的店铺也展开VIP活动,只要是VIP顾客,每天都可享受店铺提供的免费着装、美容培训,并可定期参加聚会。

8. 启示

岳女士作为一名个体买手,在店铺经营乃至品牌运作上能取得成功,主要得益于选择区别于国内大多数服装个体业主的经营方式。借助自己时尚买手的经验,进行充分的市场调查,明确自己店铺的市场定位,依托原有资源开拓进货渠道,合理选择开店地址,并在经营过程中不忘把握流行信息,进行店铺升级和品牌网络拓展,形成了独一无二的个体买手小型服装零售店铺运营模式。

小型服装零售店可谓"麻雀虽小,五脏俱全"。在服装零售市场竞争日益激烈的今天,个体买手要在众多的竞争对手中求得生存和发展,传统的经营模式亟待改变,而个体买手岳女士的案例则给正在经营或打算经营小型服装零售店的创业者带来一定的启示。但需指出的是,她在经营店铺之前的国际品牌时尚买手经历和丰富经验并不是每个人都能拥有的。在现今市场经济条件下,我国大部分小型服装零售店个体买手的经营方式仍比较传统,进货渠道主要是各地服装批发零售市场,而经营地点多为集贸市场、高校周边以及服装销售较为集中的街道。但其中，也不乏经营成功者。

除了服装买手以外，近年来我国还出现了配饰买手集成店。1016潮牌配饰集合店2012年由Vincent与Coco创办，推崇PUNK精神，致力做专业的潮牌配饰集合店，凝聚全世界时尚设计师配饰品牌（如图3-5所示）。PUNK1016神秘而特殊的数字是一种信仰起始的时间与地点，它代表着自由、执着、希望、创造，如黑暗饰界中的天使，期待光明的美丽。通过与英国、法国、意大利、中国等众多原创时尚品牌设计师合作，Coco女士亲历打造1016饰界时尚，并且制定了品牌采购管理系统（如表3-14所示）。

图3-5　1016配饰集合店

表 3-14 1016 品牌采购管理

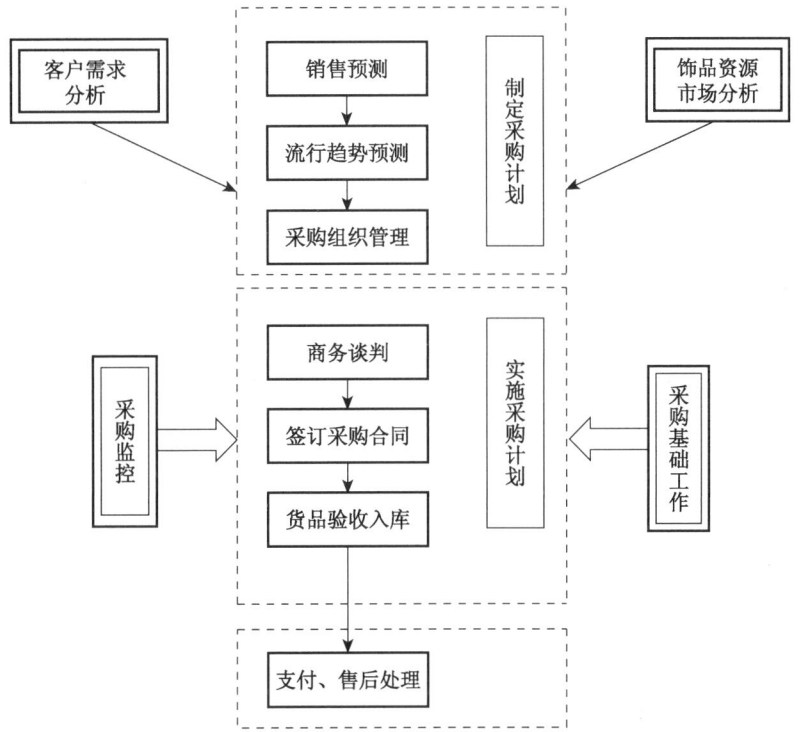

作为一名出色的个体买手，主要工作包括以下几个方面：

（1）进行详细的市场调查，对店铺所要销售的服装进行准确定位。

（2）充分利用各种资源开拓进货渠道，力争以最低价格购进符合目标消费者品位的服装。

（3）及时掌握服装流行信息，准确把握市场发展趋势，并与供货商及其他时尚买手建立长期、稳固的合作关系。

（4）形成自己独特的个体买手店铺运营方式，不断提高店员的服务水平及店铺管理水平，培养忠实客户。

（5）形成个体店铺销售服装的独特风格，提升自己在同行业中的竞争力。

近年来,随着高校扩招和社会就业压力的不断增大,高校毕业生就业难的问题日益突出。大学生就业难问题,受到国家和社会的普遍关注。而大学生自主创业是缓解社会就业压力的有效途径,得到政府的大力提倡。

相对于其他专业学生来说,服装专业学生自主创业个体服装店铺难度系数相对较小。这主要得益于服装从业的特殊性、拥有的专业知识和素养,我国服装专业教育体系的不断完善以及近年来国家对大学生自主创业的大力提倡和扶持。

国家的政策扶持和产业结构的调整升级为大学生自主创业带来了前所未有的机遇,也为立志成为个体买手的大学生自主创业提供了有利条件。

服装大学生受过专业高等教育,有一定的创新精神和敢于挑战新鲜事物的勇气,专业理论知识丰富,时尚嗅觉相对灵敏,具备一定的从业优势。但是,对刚刚走出大学校园的学子们来说,个体买手实践经验及店铺经营管理能力欠缺,市场分析能力不足及资金紧缺等问题都将扑面而来。要想成为一名成功的个体买手,大学生自主创业者需要从各方面不断提升自己的能力,并为此付出不懈的努力,而这将会是一个漫长而充满艰辛的历程。所以,想通过自主创业成为个体买手的大学生,应审视当前局势和行业现状,不能盲目行事,以免造成不必要的损失和经济压力。

分析与运用

1. 时尚买手制定采购计划时,可以从哪些地方获取重要信息?
2. 在制定分类计划时,时尚买手怎样决定要采用哪些选择因素?
3. 你有一笔预算,要为你们店铺采购100件运动衫。所有的运动衫都将以每件 12 美元的价格从 Hanes 采购,尺寸配比如表 3-15 所示。

表 3-15 运动衫尺寸配比

S	12%
M	28%
L	32%
XL	20%
XXL	8%

(1) 分类中会有 4 个颜色,如表 3-16 所示。

表 3-16 运动衫颜色分类

红色	25%
蓝色	25%
白色	25%
黑色	25%

(2) 分类中 1/2 是连帽的,剩下的是无帽的。

(3) 在这些信息的基础上制定出分类计划,然后分析整个分类计划。这个分类计划的配置是否合适?如果不合适,如何改进这个配置?

模块四
视觉营销与
促销推广

> 学习要点及目标
>
> - 理解视觉营销对门店终端形象和销售的重要性。
> - 学习和掌握陈列企划的实施。
> - 理解 VMD 如何在零售业态中体现与作用。
> - 如何实施商品视觉上的协调。
> - 培养学生陈列、促销策划的能力。

正如我们在前面的模块中介绍的那样,时尚买手承担了大量工作,大多数的工作又侧重于商品购买本身。除了完成采购任务之外,时尚买手也会涉及店铺终端的视觉形象和不同品类的商品陈列方式,以及促销活动等各个方面。只有这样,时尚买手所选择的商品才会获得更好的销售机会。在促销活动中,时尚买手和广告宣传、策划特别活动及视觉营销有着特别的联系。本模块涵盖了陈列企划和店铺重点商品陈列的技巧,并引用了一些世界各地最新的橱窗陈列、店铺设计的案例和实例图表,以表明视觉营销对提升品牌形象、激发顾客的消费欲望、更有效地促成销售的重要作用。

基础知识

一、视觉营销的概念

视觉营销在英文中翻译为 visual merchandising,简称 VM 或 VMD,可以理解为在企划商品时,提前计划好怎样将商品更好地展现给顾客的视觉系统。在 VMD 的英文语义中,V 即 visual,可以理解为"视觉的""眼睛看得到的""被眼睛看到的",在场所中能够被顾客容易看到的商品,会以独特的视觉魅力引起关注。这是以视觉的诉求为中心介绍商场(卖场)的商品构成和商品价值。merchandising 是指商品企划战略,即为了有效地实现企业的营销目标为特定的商品服务,在一定场所、一定时期,以一定的价格、一定的数量提供给市场的相关计划与管理工作。它通过对顾客的分析,进行买入、企划、物流管理、价格设定、促销活动、陈列及销售准备、广告及策划等活动。美国市场营销协会(American Marketing Association,简称 AMA)对 VMD 的定义如下:以维持顾客及创造顾客需求为目的,在沟通场所比商品为中心而计划演出的一切视觉因素并加以管理的活动。

二、视觉营销的产生与发展

第二次世界大战之后,商品销售方式产生了巨大变革。西方发达国家相继出现自助服务商店,顾客可以随意进入店内进行商品的选购。到 20 世纪 60 年代,商品销售方式又发展成为大型化、规范化的超级市场,注重卖点广告(Point of Purchase,简称 POP)与陈列艺术的有机结合。商品的包装和装潢功能从一般的商品保护、信息传递向积极、能动性地展示和促销商品发展。

1852 年,布锡考特建立了世界上第一个百货商场——乐蓬马歇百货公司(Le Bon Marche),如图 4-1 所示。百货商场的概念随即传播到美国,许多今天我们熟知的著名百货商店最初都在那里成立。1858 年,梅西百货公司(Macy's)在纽约成立。1865 年,马歇尔·菲尔德(Marshall Field)百货商场在芝加哥开业。1872 年,博洛茗百货店(Bloomingdale's)在纽约创办。1876 年,沃纳梅克百货公司(Wanamaker's)在费城开业。

美国零售业巨头戈登·塞尔福里奇(Gordon Selfridge)怀着远大的抱负来到英格兰,为爱德华时代的伦敦引进了百货商场的理念以及视觉营销的语言。他辞去了芝加哥的马歇尔·菲尔德百货商场总经理的职位,移民至英格兰,带着宏伟的设计构思来到伦敦,希望建立起第一座期望已久的现代百货商场。

图4-1 世界上第一个百货商场——乐蓬马歇百货公司(LeBonMarche)

1909年3月15日,伦敦人见证了戈登·塞尔福里奇开始用40万英镑(约70万美元)打造的梦想变为现实的神圣时刻,塞尔福里奇百货公司(Selfridges)成为英国零售业的代表。百货公司那大量安装有平面玻璃的橱窗里摆满了经营者最好的商品,并且橱窗在夜间也保持持续的照明,甚至在商店打烊以后也是如此,以便公众在电影院散场回家的途中仍然可以欣赏这些展示。这种做法意味着视觉营销的一项革新。截至1928年,塞尔福里奇将店铺的规模扩大了1倍,达到了我们今天熟知的程度,这都归功于戈登·塞尔福里奇的广告宣传和成就。每年的圣诞节塞尔福里奇的橱窗都会吸引世界各地的游客排着长队欣赏(如图4-2和图4-3所示)。

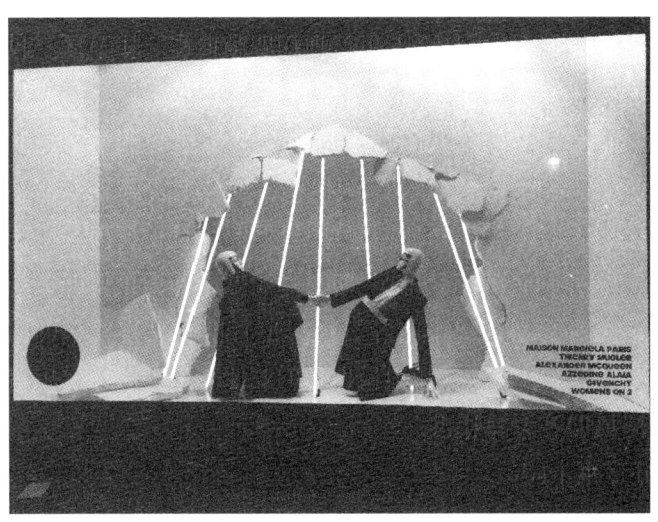

图4-2 英国伦敦塞尔福里奇百货商店(Selfridge)圣诞橱窗设计

图4-3 英国伦敦塞尔福里奇百货商店(Selfridge)系列橱窗设计

VMD的概念最早在美国形成,欧美把视觉营销缩写为VM,韩国随后将视觉营销称为VMD。1988年,日本VMD协会将VMD定义为商品计划视觉化,即在流通领域里表现并管理以商品为主的所有视觉要素的活动,从而达到表现企业的特性以及与其他企业差别化的目的。以那些为日益快速增长的服装连锁店工作的视觉营销者们为例,他们再次把人形模特移入商店橱窗中,认为这是能让门店可以以相似的方式展示流行趋势的一种成功模式。例如,西班牙时装店ZARA采用传统的橱窗装饰技术,但它创新的橱窗方案和精妙的服装造型使得其橱窗可以与主流奢侈品品牌并驾齐驱。

零售品牌不仅占据了各大主要城市的核心商业街,还渗透到了乡镇和农村,并且以全新的视觉营销技术影响着竞争对手。近10年来,品牌不仅通过店内陈列来吸引消费者的关注,同时也引进了一些新方法以扩大视觉营销的范畴:城市服装店的DJ表演;服装商场旁边的附属美食城;书籍杂志突破它们原来的销售界限;服装秀不仅面向时尚专业人士,同时也供午间购物者们观赏。如今,一些店铺拥有了自己的品牌服装,而店铺本身也可以凭借自身的条件打造品牌,从而吸引其他的服装品牌进驻以提升业绩。诸如塞尔福里奇百货、巴黎春天百货、梅西百货这些大型的百货商店就是很好的例证。无论哪种方式,视觉营销者的任务就是通过橱窗展示和店内视觉营销向公众传递信息。

三、视觉营销的目的与作用

心理学研究表明,在人们接受的全部信息中,有83%的信息源于视觉,11%的信息源于听觉,其余的6%的信息分别来自嗅觉、味觉和触觉。从另一个角度讲,正是由于人们所特有的审美意识,使人眼的功能得到更多的发展,因为世界万物的颜色和形态是最为丰富多彩的审美对象。

1. 促进产品销售

陈列可以使静止的服装变成顾客关注的目标。尤其是对需重点推荐的货品以及新上市的货品,陈列师更愿通过各种陈列形式,用视觉的语言来吸引消费者的目光。经过科学规划和精心陈列的卖场,可以提高商品的档次,增加商品的附加值。VMD 就是运用这个原理,借助无声的语言,实现与顾客沟通,以此向顾客传达商品的信息、服务理念和品牌文化,达到促进商品销售、树立品牌形象、传递企业经营理念的目的。因此,VMD 在业界也被称为"无声的销售员"。VMD 是用创造的商品价值与他人交换来满足其欲望,为顾客带来满足感,是视觉表现的营销战略。通过战略和战术的运用,通过各种陈列手法展现商品、激发消费者兴趣,并有说服告知、引导体验,最终达到销售目标的作用。

2. 传播品牌文化

服装是时尚的产物,它不仅仅是种可以看到和触摸到的物质,同时也有精神层面的东西,是一种文化。成功的陈列除了向顾客告知卖场的销售信息外,同时还应传递某种特有的品牌文化,而传播品牌文化的最终目的还是为了进一步促进销售。无独有偶,作为国际品牌新偶像的"ZARA"对陈列也有它独到的观点:尽管每个系列商品的数量是有限的,但通过每周两次更新库存,商品的轮换摆放,专卖店还是每天都给人耳目一新的感觉,如图 4-4 所示。ZARA 店铺的橱窗设计更是给人眼前一亮的感觉,每天吸引着顾客们的视线,让他们感到商店仿佛永远都在更新。

视觉营销在现在的零售环节中的作用越来越显著,无论是橱窗还是店内的空间,都是展示商品的有效区域。例如,展示特色商品的陈列柜或者是橱窗,即使是放货架的走廊都要用心地

图 4-4　西班牙时装店 ZARA

把它们利用好。如图 4-5 至图 4-7 所示的伦敦百年时尚买手百货商店 LIBERTY 更是已经把视觉营销提高到了一个全新的高度。一进入这样的商场,等待消费者的是一种全新的购买欲望,并不是他们的商品本身与过去相比有什么不同,而是商品的布置和周围环境的变化给大家带来了新的视觉感受。由于这些新的销售理念的引入,商场就有更多的机会获得成功。

图 4-5　伦敦百年时尚买手百货商店 LIBERTY

图4-6 伦敦百年时尚买手百货商店LIBERTY店内场景图

图4-7 伦敦百年时尚买手百货商店LIBERTY店中庭

四、橱窗与店铺陈列

(一) 橱窗设计

橱窗对于卖场来说非常重要,它具有直观展示的效果,比电视媒体和平面媒体具有更强的说服力和真实感。其无声的导购语言、含蓄的导购方式,也是其他营销手段无法替代的。成功的橱窗可以反映品牌的个性、风格和对文化的理解。在服装品牌竞争越来越激烈的今天,更多的服装品牌开始重视品牌文化和终端的营销管理,而橱窗作为产品促销及文化传播的有力"武器",在终端零售中已经开始扮演越来越重要的角色。

在欧洲,橱窗陈列已有100多年的历史,人们已经习惯从橱窗中了解品牌的风格和文化。所以国外知名品牌对橱窗设计都非常重视,不仅投入大量的资金,而且实施工作也做得一丝不苟,橱窗的灯光常常彻夜通明,他们已经把橱窗当作展示品牌文化最好的载体。曾经有人把商店比喻成一本书,把橱窗比喻成书的封面。假如一本书的封面设计得毫无吸引力的话,你会有兴趣打开这本书吗?

1. 橱窗的分类与作用

橱窗是传播品牌文化和销售信息的载体。为了实现营销目标,陈列师要通过对橱窗中服装、模特、道具以及背景广告的组合和摆放,来达到吸引顾客进店、激发购买欲望的销售目的。在商品的全年销售中,为了快速周转库存商品,以打折促销为主题的演示陈列无处不在。这是每一个商家、每一个品牌都会遇到的演示陈列主题。对于消费者而言,折扣促销活动能大大地刺激消费行为,但对于经营者来说,打折促销虽说可以快速回笼资金、减少库存,但从一定程度上也会损伤品牌形象。作为这一特定主题的橱窗演示陈列,既要保持商品的品牌价值感,又要将促销的信息传递出去,甚至还要将艺术形式感放置其中,达到商业与艺术结合并起到情理之中的视觉效果,实属不易。

打折促销主题活动,已成为每年终端销售战中重要的一环,无论是服装品牌橱窗,还是代表零售业(百货公司、购物中心)的橱窗展示,既要引起消费者注意,还要体现出品牌或零售业的特色。如图4-8所示,把打折促销的主题融入整个商品色调氛围里,丝毫不损伤品牌的形象。

图4-8　打折促销主题的橱窗设计

节日橱窗陈列强调的主题是节日的氛围,1年365天,节日是调和生活的甜味剂,要想把橱窗的节日感和商品销售很好地融合,首先就要了解节日的内涵。无论是展示国外品牌还是本土品牌,都要和当地的节日很好地融合。节日的诉求和人们的消费需求,要通过情景演示陈列表现出来。根据品牌的定位和风格,选定能够营造节日氛围的橱窗陈列。例如,妇女节、母亲节都可以作为节日主题出现在女装橱窗陈列方案中(如图4-9所示);对男装而言,父亲节、情人节等应是橱窗陈列的重点(如图4-10所示);对于童装品牌而言,儿童节自然是最隆重登场的橱窗设计主题。演示主题方案的灵感来源,可以从这些节日代表的内涵中去发掘,既要明确地体现出节日的季节特征,也要考虑特定节日的氛围和消费者的生活方式。

图 4-9　女装橱窗陈列

图 4-10　男装橱窗陈列

此外,橱窗还承担着传播品牌文化的作用。由于橱窗所承担的双重任务,因此针对不同的品牌定位、季节以及营销目标,橱窗的设计风格也各不相同。有的橱窗设计重在强调销售信息,采用比较直接的传播方式,除了在橱窗中陈列产品外,还放置一些带有促销信息的海报,追求立竿见影的效应,使顾客看得明白,激发进店欲望。很多服装品牌结合商品企划,会自拟相关主题进行橱窗演示陈列。结合陈列的服装商品,在自拟主题的设计构思中,需要协调统一地将主题内容传递给每一位消费者,使其明白商品的特点(如图4-11所示)。尽管可以作为主题的表达内容并不缺乏,但是必须要体现出服装商品的定位和风格。根据服装服饰商品的特点,最常用的主题有自然、社会、人文生活方式等,因为服装服饰本质就是人与自然、与社会沟通的媒介。社会的变迁强有力地影响着人们的观念和意识,反映社会主题的橱窗设计也是时尚潮流的主导力量。

图4-11 GUCCI的橱窗设计

橱窗设计风格侧重于品牌文化的展示,除了产品外,商业方面的信息较少,使橱窗呈现更多的艺术效果。巴黎春天百货公司艺术总监弗兰克·邦谢(Franck Banchet)曾经说过:"设计橱窗时,首先是明确主题以及你想要展现的品牌精神。其次就是创意,只有独特的创意才会营造橱窗与众不同的视觉效果。"他的设计手法高雅,传播商业信息的手段比较间接,主要追求日积月累的品牌文化传播效应。也许顾客看了橱窗后可能不会马上进店,但该品牌的风格和文化将会留在他们的脑中,同样也可能成为潜在的消费者(如图4-12所示)。

图4-12 巴黎春天百货的橱窗设计

总之,前一种橱窗设计手法直白、明了,通常适合对价格比较敏感的消费群或中、低价位的服装品牌,以及品牌在特定的销售季节里,需要在短时间内达到营销效果的活动中使用,如打折、新货上市、节日促销等。后一种橱窗设计手法比较含蓄。通常中、高档的服装品牌采用较多,比较适合针对注重产品风格和文化消费群的品牌,或在以提升和传播品牌形象为目的时采用。

在实际应用过程中,这两种风格经常结合在一起使用,只是侧重面不同而已。陈列师需要充分了解这两种设计风格的特性,并根据实际情况灵活运用。

2. 橱窗结构种类

尽管店铺设计以及橱窗结构属于建筑或装潢设计师的职责,但时尚买手与陈列师也参与其中,可以提出如何更好地规划商品陈列的建议。例如,固定的陈列设施放在什么地方?装饰设计和色彩方案如何体现?如何设计人流动向?以及如何设计地面、标志和形象灯箱图片等。传统的设计布局和旧式的固定陈列设施已不能适应竞争所带来的挑战,零售商更加重视橱窗内的视觉陈列效果,其目的是树立鲜明的品牌形象,使消费者感觉到它的独特性。尽管店铺的外延和内部装修装饰不尽相同,但是在橱窗结构上都可分成三类:封闭型、半封闭型、通透型橱窗。

(1)封闭型橱窗。封闭型橱窗传达流行信息的商品陈列,是零售业商家常用的一种结构形态,是由背景墙面、橱窗玻璃、射灯、商品及道具组成完整画面(如图4-13所示)。

图4-13 封闭型橱窗——塞尔福里奇百货商店(Selfridge)橱窗设计

（2）半封闭型橱窗。半封闭型橱窗由占据50%的背景墙面的空间构成，可以隐约地看到橱窗后面店铺内的场景（如图4-14所示）。

图4-14　半封闭型橱窗——FENDI橱窗设计

（3）通透型橱窗。通透型橱窗是指橱窗空间内没有背景墙面，因此可以和店内卖场相连，使卖场透过橱窗，在外部就清晰可见。这样的橱窗要非常重视店内的视觉营销陈列效果。由于人形模特模型、相关道具和商品的安全因素暴露在卖场环境中，很容易被触摸、被碰到。因此，采用通透型橱窗的店铺必须采取措施确保商品安全和人身安全（如图4-15所示）。

（二）店铺陈列的原则

每件服装本身就有不同款式造型。服装设计师在设计每件服装款式时，是以人体穿着状态为目标的，主要考虑如何适合顾客的人体尺寸和穿着效果。但是当服装从生产线下来后，需要

图4-15 通透型橱窗——GUCCI橱窗设计

作为商品在卖场中等待顾客的选购。在这个"等待"阶段,服装在卖场中呈现的状态,不可能都和人体的穿着效果相同。服装可能用折叠、挂在货架上或穿在模特上等各种方式进行展示。这些陈列方式,除了人模陈列、正挂陈列和真人的穿着效果基本接近外,其他陈列形式和真人的穿着方式相差都比较大。因此,如何使服装在"等待"阶段时能吸引顾客,就成为一个陈列师所要完成的命题。我们可以将每件服装折叠得规规矩矩,也可以"随意"地放置在橱窗里,两种造型给人们的视觉感受是完全不同的。

店铺形态构成就是根据形态变化的原理和特点,对店铺中的服装进行重新的组合和塑造来达到吸引顾客,引起购物欲望的。因此,陈列师可以对商品的陈列进行二度的创作,特别是在采用非人模陈列形式时,其手法可以更灵活、更大胆。但无论如何变化,陈列的形态构成都必须充分展示服装的美感、款式特点以及品牌风格。

在服装卖场中,既涉及货架的组合,又有货品之间的组合,还有道具和货品的组合。陈列的形态组合要从美学、管理和销售等诸多因素来考虑。不同服装品牌的陈列形态规范和标准可能有一些差别,但基本上应遵循以下几项原则。

1. 保持序列感

没有一个顾客愿意在一个杂乱无章的卖场中停留,特别是在品牌林立的今天。整齐和有序列的卖场不仅可以使顾客在视觉上感到整洁,同时也可以帮助顾客迅速地查找商品,节省时间。因此,卖场中货品的造型,首先要打理得整整齐齐;其次货品进行分类放置,排列要有次序和规律,整个卖场要保持一致的尺寸顺序,使顾客可以迅速地寻找到所需尺码。例如,侧挂时,采用从左至右、由小到大的原则;搁板上的叠装,遵循从上到下、由小到大的原则,这也是从顾客视觉的次序性和选购物品的便捷性来考虑的(如图4-16所示)。

图4-16　例外的橱窗设计

2. 体现整体性

卖场中每个货品的形态和造型一定要与卖场整体的布局和效果相配,有些陈列师喜欢把卖场中的各个部位都做成各种风格不同的效果,虽然局部效果很好,但是从整个卖场看却非常繁琐,缺乏整体感。国外很多的陈列都做得非常简洁,这并不代表陈列师不懂得做造型,而是懂得货架上的服装只是合唱团的一员,必须和整个队伍形成一体。一味地强调自我,只能破坏整场演出的效果(如图 4-17 所示)。

图 4-17 山本耀司的店铺陈列

3. 展示美感

陈列的主要目的是为了吸引顾客的目光,激起顾客的购物兴趣。"白领"前总陈列师田燕曾说过,"产品再好,陈列得跟抹布似的,顾客看不出好来。将这块抹布拗得平平的,再戴上花,就可以卖 1 000 块钱。"由此说明只有美的物体才能吸引人,陈列的首要任务就是要将服装的美感展示出来,美的陈列才可以使产品增值(如图 4-18 所示)。

图 4-18　Vitoria's Secret 的中岛台陈列

4. 符合品牌风格

　　陈列的造型必须和品牌的风格相吻合。品牌风格就如人的性格，每一个品牌都应有自己独特的陈列形态和风格。我们应不断地探索，寻找些适合自己品牌的陈列造型和风格。图 4-19 是法国品牌 Sonia Rykiel 的店铺整体陈列。整体陈列风格没有采用常规的衣架进行陈列，而是仿佛放置在书柜中。鲜艳的红

图 4-19　法国品牌 Sonia Rykiel 的店铺陈列

色书架与各式的服装交相呼应,强烈的视觉冲击力给消费者带来深刻的印象。

5. 满足货品的商业排列规则

组合的方式要合理且能带动销售,使顾客的购买方便,让导购员的销售和管理便捷。例如,在休闲装的陈列中,将正挂、侧挂、叠装三种陈列形式组合在一个陈列面中,正是吻合了顾客购物时"看、试、买"几个购物环节,使顾客购物感到便捷(如图4-20所示)。而在西服陈列中经常采用的搭配陈列方式,就是在一个陈列柜中有意识地进行上下装及配饰品的搭配陈列,这主要是为了方便顾客的搭配,同时可以进行引导性的连带销售(如图4-21所示)。

图4-20 5CM的店铺陈列

图4-21 英国男装品牌的店铺陈列

五、商品促销活动

时尚买手也许为顾客采购到了合适的商品,并且给出了合适的价格,但是没有促销活动,销售和利润都不会达到最大化。因为商品不会自动销售,时尚买手必须对店铺进行的促销活动做到心中有数。许多零售商店里的产品与竞争对手的产品一模一样或是大同小异,是促销让产品得以从竞争中脱颖而出。

促销(sales promotion)是指传递关于产品、服务、形象和理念的信息以影响顾客的购买行为的一种活动。换句话说,促销包括所有由零售商进行的向顾客提供信息以产生销售的活动。时尚买手在促销活动中扮演的角色会因店铺不同而大相径庭。在小型独立店铺中,店主会承担几乎所有的业务职能,包括商品的买货和促销在内。在大型零售商店,可能由其他人,甚至是促销部门来帮助策划及实施促销工作。促销经理、广告宣传经理、艺术家、广告文案拟稿人以及陈列助手,这些只是促销策划涉及的其中一部分人员。在大型零售机构中,时尚买手仅仅协助策划促销活动,其他人来执行计划。时尚买手必须为促销选择商品,采购支持促销活动所需的商品,并且与能支持店铺的促销活动或扩大活动规模的供应商谈判。

由此可见,促销是所有零售商店营运的一个不可或缺的部分,而促销决策需要时尚买手参与其中。促销计划的制定必须建立在时尚买手对顾客的动机和喜好的认知,以及他或她所能获得的产品信息的基础上。从这些方面来说,时尚买手在促销活动的制定中所起的作用是举足轻重的。店铺促销活动的目的在于建立顾客的信心,让顾客继续惠顾。所有促销活动都应本着下列几项总体目标:

(1) 产生销售,并且使利润最大化。

(2) 建立顾客忠诚度,并且继续惠顾。

(3) 展现或提升店铺形象。

不管店铺规模大小或坐落何方,大多数店铺都会结合使用几种促销手段来告诉消费者店里有些什么产品,并且说服他们前来购物。这些不同的促销方法称为促销组合(promotional mix)。促销组合的主要元素包括以下这些:

(1) 广告宣传。

(2) 视觉营销。

(3) 人员销售。

(4) 公共宣传。

(5) 特殊事件。

(6) 其他促销活动。

通过对这些要素的协调,你将向顾客呈现出一体化信息。

1. 广告宣传

促销组合最常用的要素之一就是广告宣传(advertising)。广告是由指定赞助商对产品、服务或想法所制定的付费的、非个人的促销信息。广告宣传通常有以下目的:

(1) 增加销售量。

(2) 增加店铺客流量。

(3) 吸引新的顾客。

(4) 介绍新的产品或服务。

(5) 开发对自有品牌的需求,增加顾客的满意度。

(6) 在萧条时期增加销售量。

(7) 预售商品。

在大型零售店,时尚买手通过填写对广告宣传的需求单来启动广告宣传的制定,需求中包括商品的具体细节以及商品给顾客带来的好处。在小型店铺,很可能由店主负责制定广告宣传,或是通过各种媒体或广告公司获得这类服务。媒体(media)即选定用来传递广告宣传信息的途径,可以包括印刷登载或广播电视、户外广告等渠道(如图 4-22 所示)。要挑选最合适的媒体应该基于以下因素:

(1) 要做广告的商品。

(2) 店铺所在的商圈。

(3) 竞争对手所用的媒体。

图 4-22 Acne 的橱窗设计

(4）销售季节。

(5）要传达到哪种类型的顾客。

(6）有多少预算。

2. 人员销售

零售商将自己同竞争者区分开的一个重要方法是提供高服务顾客的水准，而不是依靠大量没完没了的促销。特别是小型零售商，不能总是跟大商店拼价格，但是他们能以更好的人员销售满足顾客，从而与大商店一争高下。人员销售（personal selling）是指销售人员为了满足顾客的欲望和需求，对所销售的产品进行介绍，与顾客之间发生的面对面、一对一的交流。时尚买手们自己通常并不进行销售，他们的职责是帮助销售人员进行销售。在这个方面时尚买手的职责如下：

(1）向销售人员提供有助于产品销售的产品信息。

(2）在店铺会议上或在书面交流中向销售人员强调产品的卖点。

(3）访问销售区域，观察顾客，并且与销售人员一起工作。在与销售人员的接触中，你会了解到顾客对于商品的反应。要了解顾客的需要，经验丰富的销售人员也是宝贵的信息来源。

传播产品信息是时尚买手工作的重要组成部分。让销售人员了解产品的特性可以建立起他们的兴趣与热情，还能增加销量，所以时尚买手要尽可能多地向他们提供产品信息。熟悉产品、充满热情的销售人员会将这种能量传递给他们的顾客。大部分产品信息都能从供应商那里获得。此外，有些供应商还为销售人员提供培训课程，让他们了解重要的产品信息，学习产品的销售技巧。大多数零售商致力于改善店里的人员销售及顾客服务。

以销售商品为主要目的的特别活动被称为促销类特别活动。在每年1月份，大型商场一般会举行以清理库存为主要目的大型促销活动,有时还会有些为期1~3天的特别销售活动(如图4-23所示)。另外一种活动深受很多大型零售商喜爱并与采购部门直接相关,通常被称为"时尚买手助理日"。需要时尚买手助理去采购一些亲民价位的商品,并将它们与商场中希望能够处理掉的商品混在一起。这类为期不长的销售活动在零售行业非常盛行,通常也能够吸引很多人的注意力。值得一提的是,特别促销活动并不仅仅局限于在零售商的店铺内进行,还可以通过提供商品目录的方式来推广,时尚买手也要积极参与到这种销售活动中,并且还要从现有的存货中准备好减价商品。

图4-23 促销活动

3. 公共宣传

零售商也可以通过公共宣传(publicity)来促进商品的销售,即由媒体免费地、自发地提及公司、产品或服务。广告宣传与公共宣传的差别主要在于是否付费与赞助,广告宣传是付费的促销信息,而公共宣传则是免费的;广告宣传有指定的赞助商,但公共宣传则没有。要获得公共宣传,时尚买手必须要有让公众感兴趣和有报道价值的内容。当一家公司发新闻稿给媒体时，往往会获得宣传。新产品的公告就是典型的新闻稿（press releases），比如 H&M 每年都会与知名的奢侈品牌或设计师品牌合作，全球同步发行最新限量款服装（如图 4-24 所示）。而涉及顾客的特殊事件（special events）也是公众宣传的好机会。因此，宣传稿包括以下信息：

图 4-24　H&M 和 KENZO 的合作限量版

（1）谁：涉及的公司或人员。
（2）什么：重要事件。
（3）何时：日期与时间。
（4）什么地方：地点。
（5）为什么：事件的原因。

公共宣传极少作为单一的促销组合要素使用，它常常用来补充其他策划好的促销活动。

4. 特殊事件

通常，店铺还会策划与促销活动主题相配合的特殊事件，这些特殊事件并不是店铺日常营销活动的一部分,例如时装发布会、新书签售会、趋势研讨会等。

纽约市的Macy's年度感恩节大游行是最著名的特殊事件之一,尽管很难衡量,但大多数零售商都普遍认同若没有这些事件,销售很可能会更差。特殊事件激发人们对店铺及其商品的兴趣和热情。可阅读本模块案例分析二:未来趋势"Victoria's Secret:运用网络作为促销工具"来了解更多关于零售商如何运用互联网对特殊促销事件进行网络直播。

除了参与以上所说的这种以销售为主的特别促销活动之外,时尚买手也要对活动的策划与举行提供自己的意见和建议,以促进成交量。这其中包括服装表演、名流参与活动、订货会演出、企业人事召开的论坛以及供应商代表举办的产品布展。即使不打着特别促销活动的旗号,以上每一种活动本身都有着成交大批销售量的潜力。当著名的设计师出现在零售店里的时候,往往会有很多人去与他见面并且购买那些推荐的商品。在订货会演出上,只要公司代表带来了设计师的系列作品,最终肯定会促成大量的购买行为。在以上这些促销特别活动中,通常是由时尚买手去联系那些重要人物,并且负责把活动搞得既有声有色又能带来利润。只要时尚买手运用富有创意的促销理念去策划这些活动,并且取得了令人满意的效果,销售肯定最终获利。

5. 其他促销活动

店铺还可以采取其他促销活动,比如特卖、优惠券以及赠品等,促销活动给顾客增加了购物的理由。举个例子,Kmart测试了一项新的促销技术:在结账通道上方安装电视机显示屏,既能娱乐顾客又能推销商品。电视节目和广告宣传的比例通常为7∶3,个别有能力的店铺可以根据时间段以及店铺客源定制节目。

零售商通常会通过开展形象推广特别活动来提高销售量和店铺形象。这类活动不一定销售特定的商品,但是一定要使消费者对零售商产生兴趣。这类活动与那些知名大商场制作的传统意义上的圣诞橱窗展示有相似之处,如梅西百货、纽约的第五大道、英国的哈罗德百货商店等,旨在吸引人们的注意力和品牌的宣传。在这类活动中,虽然时尚买手不必担任特别的工作,但是他们需要保证有充足的货源以满足如此庞大的购物人群。例如,他们提供的货品可能是节日促销商品、低价位商品、物超所值的商品和吸引对价格相当敏感的消费者的库存削价商品。许多食品店还采用了即时优惠券发行机,可以附在促销商品前面的货架旁边,现在这种装置也出现在折扣商品和日用商品周围。当店铺要决定什么促销组合比较合适时,时尚买手需要考虑以下这些:

(1) 前一年促销活动组合的成败。

(2) 店铺期望的形象。

(3) 目标顾客。

(4) 店铺目标。

(5) 竞争环境。

六、制定促销计划

一旦时尚买手明确了用于推广商品的促销组合的要素,就应该要确定如何才能更为有效地结合这些不同的要素以达到店铺的目标。这些促销活动结合起来就会组成促销行动(promotional campaign),即用围绕着特定的主题、为了达到企业期望目标而构建起来的一系列有计划的、协调一致的促销活动(如表4-1所示)。促销行动要求促销的目标明确、全面周到且组织严密,成功的促销行动能要全面策划并且认真执行以下步骤:

表4-1 某品牌促销方案制定

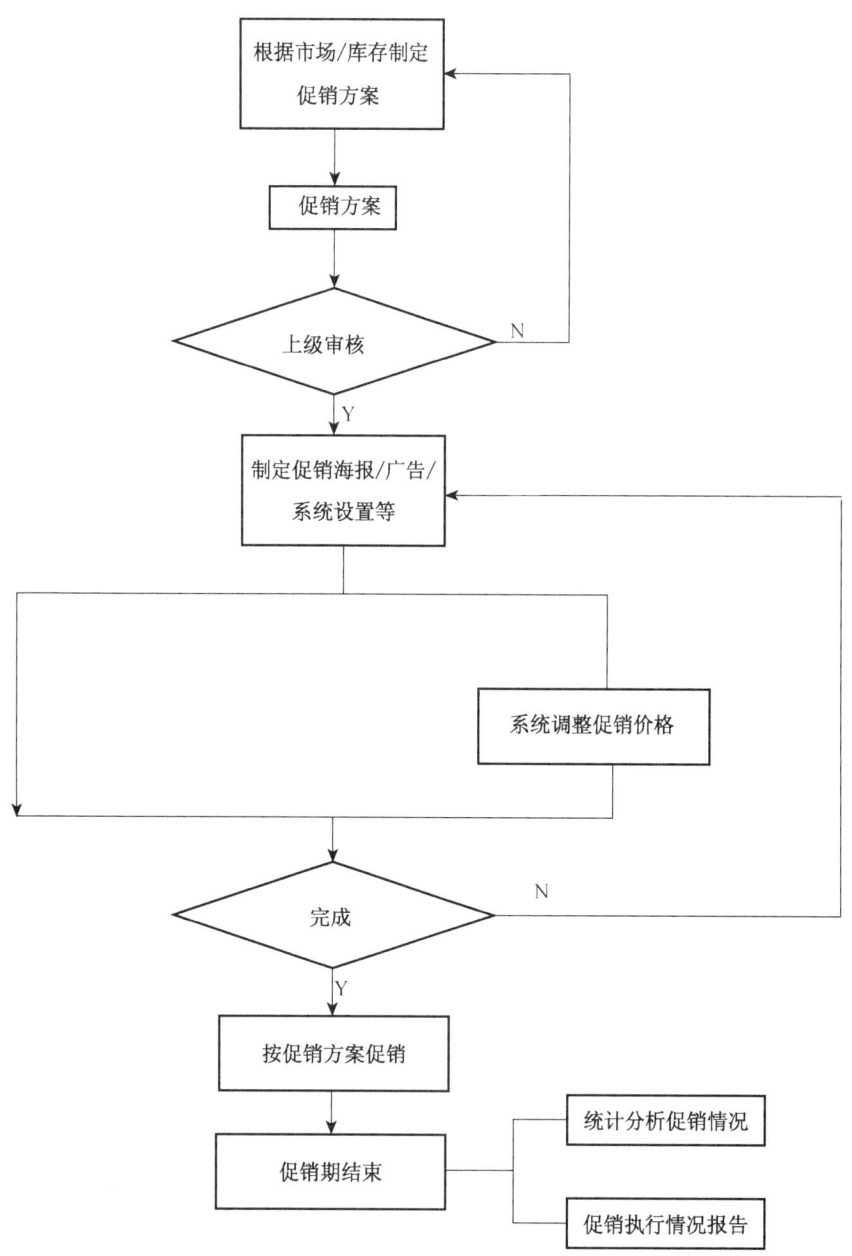

(1) 设定目标。

(2) 制定预算。

(3) 选择促销商品。

(4) 安排促销活动日程表。

(5) 制定促销信息。

(6) 评估促销活动。

制定促销计划的第一步就是要决定你要努力完成什么目标。时尚买手应该对促销组合的每一个要素都设定具体目标，也许会有很多其他的可行性目标和目的，但是所有促销活动的终极目标都是增加店铺销售并使利润最大化。广告宣传、特殊事件以及公共宣传鼓励顾客来到店里，而同时视觉营销、人员销售以及其他促销则说服顾客购买商品。精心策划的促销行动不一定会提高销售、增加利润，除非营销组合的其他要素（价格、位置和产品）都与促销相配合。例如，价格也许太高了，产品可能没有放在销售区域中最恰当的位置，或者顾客想要的颜色、尺码种类不齐。

当时尚买手制定促销行动的目标时，应该具体表述要完成什么。

首先，这些目标应该提供一个能用来衡量你们店铺或部门绩效的标准。下面列举了可以设定为促销行动目标的一些例子：

(1) 店铺客流在一周生意最清淡的那天增加20%。

(2) 一周销售量增加5%。

(3) 教会顾客如何使用新产品。

(4) 让75%的目标顾客知道特殊事件即将到来。

其次，策划促销活动应制定预算，以实现已经计划好的目标。促销预算（promotional budget）是指在一个特定的时段内要在促销活动花多少钱的计划。这个预算的基础通常是计划销售,对大多数零售商来说,促销支出平均占销售的1%~4%,但这个比例会根据零售商的类别及规模有所不同。一旦确定了促销预算,就必须设定分配给每一项促销活动的金额,分配的精确百分比要看其他因素而定,比如促销目标以及竞争对手的促销活动。

店铺经理通常会制定为期6个月的预算,在这个时段里,管理层可能需要根据实际销售调整预算,当销售未能达到预期时,或增加预算,或减少预算,或重新安排资金。许多店铺用来增加促销预算的一个办法是通过合作广告(cooperative advertising),即生产厂家与零售商分摊推广其产品的广告宣传费用;然而并不是所有的供应商都会提供合作广告的。管理层期望时尚买手们与供应商谈判,用合作广告来增加店铺的促销费用。在支付费用之前,生产厂家会要求证实广告宣传达到了某些具体要求,广告的副本与表明生产厂家所分摊的广告费用的声明是一起发出的。不要因为受到合作广告的吸引而采购错误的商品,而过度的价格削减会严重损害店铺的利润。有些时尚买手满脑子想的都是获取广告补贴,结果接受了二流商品。在进行采购时,时尚买手必须要确保自己在采购最好的商品,而不是合作广告条件最优惠的商品。另外,合作广告也许不符合店铺的总体规划,而且有可能与店铺策划的其他促销也不协调。此外,享受合作广告优惠前要保存额外记录。

不过,合作广告还是有不少好处的,它令生产厂家和零售商双方通过分摊广告费用来增加曝光机会,也许还能通过更为频繁地投放更大型的广告来增加广告信息的影响力。广告做得多,会让店铺在所有的广告宣传上都有更低的价格。对于生产厂家来说,店铺的知名度会加强产品在当地范围内的接受度。时尚买手们还可以与供应商协商其他的促销物料,比如赠品、POS机周边的陈列,甚至是陈列道具。这些物料有个问题,就是生产厂家的名字会出现在很显眼的位置,可能与你们店铺要展现的形象不符。

再次,是确定在促销活动中要以什么商品为特色。一般来说,挑选商品要与促销部门选定的主题一致。促销目标会影响在促销中主推的商品,不过以下这些也应予以考虑:

(1) 挑选销路好、受欢迎、有望成为畅销产品的商品或款式。

(2) 挑选会立即引发关注的产品,或是与当季促销密切相关的产品。

(3) 挑选那些供应商也会大力推广的商品进行促销。

(4) 挑选那些让顾客很容易形成视觉图像的商品,要让促销部门能够将产品的价值与对产品的向往传达给顾客。

(5) 挑选新商品,一家有着流行引领者形象的企业会推广最新的时尚。

(6) 挑选在价格上特别有吸引力的商品。在季末可能需要进行特价促销,以便为新的商品腾出空间。降价必须广而告之,吸引顾客。

(7) 推广已有品牌,让它们赢得顾客的接纳。

然而,有些产品是不适应挑选为推广产品的,以下是指导原则:

(1) 不要指望靠促销来纠正买货上的失误。促销无法说服顾客购买他们不要的产品。

(2) 不应推广陈旧过时的商品。

(3) 不应推广无法快速追加的商品,顾客的需求可能会高于预期,如果在一段合理的时间内得不到广告商品,许多顾客可能会很失望。

(4) 不应挑选以前做过广告、现在仍然库存的商品做推广。

(5) 不应推广最初就被顾客拒绝过,或是已经过了巅峰期的商品。

简而言之,促销活动无法销售顾客不想要的商品。要为促销行动挑选那些具有代表性的商品,能让你们的部门或店铺人潮涌动的商品,而时尚买手正是店里最有资格挑选最合适的促销商品的人。

另外,时尚买手还必须制定一张促销活动的日程表或时间表,来决定隔多久做一次促销,然后制定促销日程表(promotional calendar),即长期促销行动的书面时间表。日程表必须包含以下内容:

(1) 何时发生促销活动。

(2) 推广什么商品。

(3) 会采用哪些促销组合要素。

(4) 由谁来负责这些活动。

(5) 有多少预算。

在11月和12月繁忙的假日季节里会有许多促销;不过,零售商也会利用其他节假日来举行许多促销,如国庆节和五一劳动节。食品杂货店的促销通常发生在周四、周五和周六,但许多超级市场则在一周的其他时间内利用促销提高销量。对特殊类别商品的促销大多数安排在季节的同样时段。例如,泳装促销通常在2月份开始,而"开学日"促销在7月份开始。有些零售商甚至会创立他们自己的促销时段,如"店庆日"或"双十一"特价。另外,有些促销还可以安排为生产厂家促销的补充。时尚买手在安排促销活动的时候,应该要确保接收到信息的顾客数量越多越好,也就是到达率(reach)要高。在促销中的到达率是指接收到一条或数条促销信息的人的频次(frequency),即衡量顾客隔多久会接收到一次促销信息。在多数情况下,一次广告不足以让期望受众了解你的信息。如果选择电视广播作为传递促销信息的媒介,你必须保证所挑选的广告时段会让广告宣传最大限度地传播到组成你们目标市场的大量潜在消费者那里。换句话说,到达率和频次,时尚买手都必须要关心。

七、促销评估与协调

尽管有许多办法可以评估促销活动的效果,要确定某次特定活动对销售影响如何还是很困难。顾客对许多促销可能不是马上就有反应的,他们可能会在某次促销活动之后数月才去店里看看,买点东西。因此,店铺记录对于评价促销活动的效果很重要。要保存好卖掉什么产品以及每样产品卖掉多少的记录,还有任何可能影响销售的特殊情况,如气候条件、竞争对手的广告宣传,以及同一时期的其他促销。时尚买手还应该调查一下在特定促销活动以后产生的销售和销售金额。另外,有些零售商会在促销活动进行过程中清点进入店铺的顾客数量。如果使用优惠券的话,可以清点优惠券的数量,而如果用以发放优惠券的媒介不止一种,那么每种媒介可以有不同的编号,从而让你能够确定哪种手段对目标顾客的传达最有效。有些小型店铺的店主甚至开口询问顾客,是哪种促销活动促使他们购买这个产品。

促销活动的最终目的是销售商品,但也应通过促销产品的挑选、店铺内部布置、商品陈列以及销售人员提供的客户服务来加强店铺的期望形象。在大型零售商店,促销部门会就何时、何地、如何推广商品作出最后决策,时尚买手扮演的主要角色则是为促销活动挑选合适的商品、提出促销想法,以及向促销部门提供产品信息。

为了达到期望目标,所有的促销活动必须协调一致,并应确保计划最大限度地让潜在顾客众所周知。广告宣传、特殊事件以及其他促销应该充分引起顾客的兴趣和渴望,把他们带进店铺。视觉营销应当提醒顾客他们为何而来,而了解情况的销售人员应能说服顾客购物。经常会因为销售人员不了解情况,不知道什么商品在促销而有销售流失。

无论店铺规模大小,都应该有专人来控制促销决策,必须授权给某个人负责把每一个有计划的促销活动进行到底。例如,在进行广告宣传时,必须有人检查广告校样,查看要张贴的海报副本,确保有充足的商品库存,并且与视觉营销人员联系以保证会做好陈列;必须明确职责分配,应建立任务列表,包括参与促销行动的所有人的姓名与职责在内,这张清单应该在促销活动涉及的所有部门中流转;广告宣传应突显广告商品,而且销售人员也必须充分了解促销的目的以及商品的实点。

另外,每次促销前,时尚买手必须通知销售人员即将开展的促销行动的内容,如果促销涉及新产品,可能需要特殊培训。时尚买手必须通知收货人员促销事宜,保证库存商品价格正确、数量充足。时尚买手需要提前知会视觉营销人员,以创建与促销主题协调一致的陈列。时尚买手与销售人员的配合对于协调促销活动来说尤为重要。促销活动的目的是帮助销售商品,而完成销售的是销售人员,通过销售人员的推销来让促销信息适应顾客的个人需求。销售人员应知道以下内容:

(1) 正在进行什么促销活动。

(2) 为什么选择这个商品进行促销。

(3) 在何时何地进行促销活动。

(4) 促销活动将如何协调。

(5) 应该向顾客强调促销商品的哪些特点与优点。

(6) 关于广告商品,他们应期待从顾客那儿听到什么样的问题。

对所有产品的促销活动都必须协调一致。有些产品,比如男士香水,很容易就能用一系列活动进行推广,这些产品一般在专门为香水设计的特殊区域中会卖得更好。有些店铺在某些电视广告中将店铺的名字附加在全国性的香水广告上,每月账单里可能会夹着一张有香水样品的卡片,这一促销技巧让男士更愿意来店里试试香水。有些时尚买手还会与供应商合作搞促销及其他店内活动。

当时尚买手准备促销某种商品时,他们必须通知广告部门,从而通过媒体作出相应的广告宣传。进行广告创意的人员对于图片、文本、版式设计应了如指掌,但是往往就某种特定商品进行广告宣传的时候,由于缺乏对商品卖点的了解,而无法进行有效的广告宣传。为了打造出与商品相匹配的广告宣传,这些广告创意的专家必须对商品的质量、卖点以及该商品对有可能购买的消费者带来的好处有充分的了解。而这一切只有通过时尚买手提供出相关信息才能够顺利进行,没有谁能比时尚买手更了解商品。如果时尚买手的促销预算费用想非常合理地花出去,或者如果销售想通过广告得到最大化的销售额,时尚买手必须做好充分的准备,提供一切与商品有关的信息。

虽然时尚买手在整个促销活动中都要起重要作用,但是我们应该认识到,时尚买手不是这一领域内的专家,因此也不能过多地期望时尚买手对于广告、企划和其他促销手段有更多的创意,时尚买手的作用只是使系列的促销活动顺利启动。时尚买手决定什么商品将出现在广告、特别活动、店内陈列和橱窗中。时尚买手在这些活动中承担的另一项任务是提供信息,以增加对商品的了解和促使促销活动取得较好的收益。

拓展与提高

VMD 中的陈列企划

为了成功销售,任何品牌店都要根据品牌经营战略、市场现状以及商品和消费趋势等进行视觉营销与实施。视觉营销是实现销售计划的重要环节,没有明确的销售计划,就不可能作出具体的商品企划以及促销计划。视觉营销战略中的陈列企划和管理就是把商品销售的概念视觉化,以商品的陈列提案来形成卖场的空间构成,把所有视觉性陈列要素有计划地展示出来,是传达商品信息的一种手段。企划是一种在执行之前的计划或战略,既对行为过程实施控制,又对于过程因素进行自身调整。企划不仅是开端,更是过程。这样的过程想要实施成功,必须要有一支优秀的团队进行各种分项工作,从规划提案到陈列费用预算;从主题创作到陈列设计;从陈列手册制定到执行,等等。总而言之,零售企业需要有一群优秀而专业的人士进行陈列企划和陈列管理工作,才能达到真正意义上的视觉营销的成功。

(一) 陈列企划流程

时尚买手从销售的立场出发,介绍新产品,告知产品的使用方法和价值等,增加消费者购买欲望,引导消费者购买。通过一系列的陈列手段,将销售信息以情节意境设计传递放大,有效提高企业品牌的宣传效果和认知力度。通过创造优秀的销售环境,不仅能提高品牌形象,赋予与其他竞争品牌间的形象差别,还能给予消费者快乐的购物体验。这些都是时尚买手带着陈列师通过 VMD 陈列企划实施完成的。视觉营销中的陈列企划是通过经营策略和视觉形态间的技术协调合并组成新文化空间的销售手段。

视觉演示与商品陈列师是不能一劳永逸的,需要时尚买手根据不同季节、时间段、主题变化进行连续的计划性工作才能按时完成。制定陈列企划并实施,是店铺卖场长期维持统一形象、保持常新的视觉水平的重要措施。陈列企划的开展,依据时间的流程分为计划、执行、反馈三方面的工作,然后细分为 8 大部分(如表 4-2 所示)。

表 4-2 VMD 的实施步骤

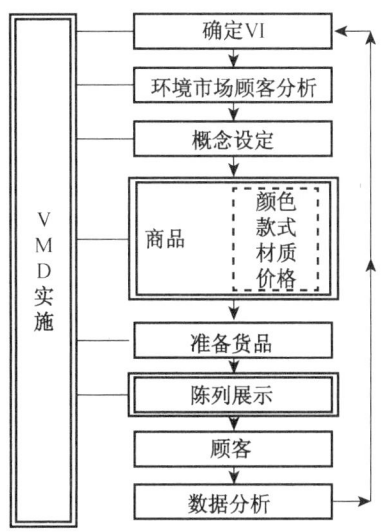

1. 计划阶段

计划阶段要制定出商品陈列计划方案。为了让计划者、执行者能够很好地执行计划,陈列计划制定一定要有明确的主导思想,要达到认识上的统一,而且要以文字的形式形成文件,便于执行阶段过程中作为依据检查。陈列企划的展开,依据时间流程,时尚买手必须对企业文化和品牌发展目标,产品与顾客,销售与竞争对手了如指掌,明确消费者群体定位,明确商品销售目标、视觉化陈列的运营与组织管理工作。通常,陈列企划的制定和新产品的研发时间同步;企划和执行实施的时间长短,要根据企业自身的商品周期、店面数量、物流配货等来制定。随着零售市场激烈竞争和消费需求的快速变化,顾客对商品新鲜度的"保鲜力"越来越短。品牌要通过周密的陈列企划、精细化的陈列管理,才能达到视觉营销战略的成功。

2. 执行阶段

执行阶段是将计划付诸实行的阶段。时尚买手按照时间、地点、人员进行安排,并将每一步工作分配到人,进行层层跟进,按照计划的要求认真完成商品企划工作。根据预期销售计划、上货波段制定下一季度的采买计划OTB等。若将其细分的话,可以分为以下10个方面。

(1) 商品配置计划。商品配置计划指按照商品系列、季节主题、重点促销类别等分类,作出商品在卖场区域三大空间的位置和数量的配置计划。

(2) 动线通道规划。动线通道规划依据消费者习惯,从卖场外引导消费者进入到卖场内的每一个区域,并根据不同的主题设计出相应的顾客动线以及各通道尺寸,同时设计好服务动线。

(3) 公共设施配置规划。公共设施配置规划是指根据各卖场和楼层商城之间的人流动向、对卖场内外的公共设施的安全出口以及灭火器材等各种配套设施的配置规划。

(4) 内外装潢计划。新店开业、旧卖场改造以及维护修理等都需要制定装潢计划。

(5) 照明计划。卖场照明计划包括各卖场环境照明、重点照明、装饰照明的设计计划以及灯具数量投入、照明度分布、空间格局计划,还有用电量计算。

(6) 陈列用具和演示道具配置计划。陈列用具和演示道具配置计划针对主题陈列对卖场陈列用具以及演示道具的数量配给,制定计划。

(7) 色彩视觉计划。色彩视觉计划以企业CI(corporate identity,简称CI)标示色为基础,延伸店面卖场重点色彩和装饰色彩,并按照每季重点产品系列色彩,进行色彩陈列计划。

(8) 标示广告计划。标示广告计划包括卖场内外各种品牌标识、商标吊牌、包装纸、包装袋、店内POP、展示台、灯箱形象主图、产品宣传画册等计划。

(9) 对各项计划进行审查。时尚买手针对以上各项计划的细节进行核查，在实施执行前发现问题并及时改进调整计划，将执行的缺失降到最低。

（10）确定最终企划案。时尚买手根据以上内容，确认设计构思、理念和计划内容，并着手进行执行阶段工作的开展。

3. 反馈阶段

反馈阶段需要建立客户管理与维护系统，并确实执行。时尚买手做陈列计划总结时，要将执行中发生的问题进行反馈和总结，为下一次提供经验与参考，进行数据分析，以便在制定新计划时能更加完善。

（二）重点商品实施计划

对于服装、服饰业来说，要把精心研发设计的商品在最适宜的时间和最醒目的空间中，以最充足的库存量和最吸引顾客的方式在卖场中展出销售。所谓重点商品，是指当前最畅销的商品、高周转率的季节商品，或电视、报纸、杂志等媒体大力宣传的商品。要想有效地了解重点商品，可以根据上一年度每周各卖场的销售数据进行销售额和销量数量的排序。通常在排序中，有一个共同的规律，也就是业界人士常说的"二八规律"：排名前20%的品类商品占各部门销售额的80%以上，因此要认真研究这20%的品类，将其当作重点商品加以管理。进行陈列企划，可以按照全年52周来进行。根据全年的销售计划，确立陈列展开方向和陈列主题的设定。时尚买手可以按照季节、节日来制定时间计划（如表4-3所示）。以周作为时间单位，会使计划实施更细致，执行起来更清晰。

表4-3 常用节日时间表

时 间	节 日
1月1日	元旦
2月14日	情人节

(续表)

时　　间	节　　日
3月8日	国际劳动妇女节
5月1日	国际劳动节
5月4日	青年节
5月第二个星期日	母亲节
6月1日	国际儿童节
6月第三个星期日	父亲节
农历七月初七	中国七夕节
9月10日	中国教师节
10月1日	国庆节
10月31日	万圣节
11月第四个星期四	感恩节
12月24日/25日	平安夜/圣诞节
农历正月初一	春节
农历正月十五	元宵节

（三）商品配置规划应考虑的因素

对卖场中的货品进行有计划的配置，可以让整个卖场的视觉营销活动在符合顾客消费习惯和商品属性的前提下，有目的、有组织性地进行。时尚买手要作出一个正确的商品配置规划，必须要考虑以下因素。

1. 秩序

目前各服装品牌都在周到地为顾客服务，服装品种也开发得越来越多。但若服装在卖场中不进行分类，就会一片混乱，不光顾客觉得心烦，很难寻找到需要的商品，而且加大了卖场管理的难度，更谈不上进行有计划的营销活动。

秩序可以使人们的生活和工作环境变得井井有条，卖场也不例外。每个顾客都喜欢在一个分类清楚、货品排列整齐的卖场中选购商品。有秩序的卖场可以使顾客轻松地寻找想要购买的货品。做好商品有秩序的分类工作,让卖场的管理便捷化,是搞好卖场陈列最基本的保证。

卖场的秩序除合理安排货架、道具外,还要将卖场中的商品按一定规律进行排列和分布,即便是以打折形式随意丢放在花车中的服装,通常也可采用价格或其他方式进行分类。这样才能使卖场有规则,分类清楚、容易寻找(如图4-25所示)。秩序着重考虑顾客购物中的理性思维特点,适合以下情况:

图4-25　RALPH LAUREN 陈列设计

(1)顾客需要进一步了解寻找商品的种类、规格、价格等。

(2)事先有购物计划或比较理性的顾客。

(3)设计感不强、比较注重功能性的商品,如内衣、羽绒服等。

秩序性分类方法的风格偏理性,分类的形式和销售报表比较接近,统计和管理都比较便捷。这种分类方法便于顾客集中挑选和比较，现场管理比较简洁。如先按商品的大类划分，然后在每大类中，再按商品的规格、面料、价格等不同因素进行二次划分；适合服装设计感较弱的基础性或功能性服装，如内衣、打折物品等；也适应大多数顾客的购物心理，特别是理性认识占主导的顾客。但对于感性认识占主导的顾客来说，当他们站在许多同类商品前时，往往觉得无从着手。

2. 美感

在卖场商品配置规划中考虑美感，目的是使卖场中的服装变得更吸引人，是一种偏感性的思维运用。一个服装仓库可能很有秩序感，但不一定有美感。服装和一般的消费品不同，人们对其在美感上的要求比其他商品要高。美是最能打动人的，顾客对一件服装作出购买决定时，服装是否有美感会在整个购买决定中占到很大的比例。同样，一个卖场整体和陈列面是否有美感，都会影响顾客出入、停留和作出购物的决定。因此，卖场的商品配置要考虑是否能充分展示卖场和商品的美感。把美感作为商品配置时首要考虑的问题，常常可以收到非常好的销售效果。

美感优先的商品配置法，实际上就是按美的规律进行组织性的视觉营销，使服装在视觉上最大限度地展示其美感。这种配置着重考虑顾客购物中的感性思维，激发顾客购物欲望，引发顾客的冲动消费。其方式可以通过对色彩系列和款式的合理安排来达到，也可以通过对称、重复、均衡等组合手法使卖场呈现节奏感。其特点是容易进行组合陈列，创造卖场氛围，迅速打动顾客，并能引起连带销售，特别适合女装、西装以及设计感较强、配套性较强的服装。由于这种配置方法比较着重商品色彩和造型，在产品的管理上很容易混乱，因此必须用其他分类法进行辅助(如图 4-26 所示)。

图 4-26 连卡佛百货的陈列设计

3. 促销

卖场中的商品配置规划,还必须充分考虑与商品促销计划的融合。每个成熟的服装品牌在其初期的设计和规划阶段,一般都会对商品进行销售上的分类。如通常服装品牌都会将每季的商品分为形象款、主推款、辅助款等类别,同时在实际销售中还会出现一些真正名列前茅的畅销款,因此要合理地安排这些货品。女装卖场的前半场一般是销售额较高的"黄金区",后半场则要差些,可以有意识地将主推款放在"黄金区",以促进其销售业绩。而当主推款完成一定的销售任务后,则可以将一些滞销的货品调到"黄金区",进行有意识的促销活动。还可以通过有意识的商品组合,如进行系列性的组合,开展连带性的销售,使整个陈列的工作和服装营销有机地结合在一起,真正地起到为销售服务的目的(如图 4-27 所示)。

图 4-27　促销时期的陈列设计

（四）商品陈列企划的运用

视觉营销的概念不仅包括商品的陈列，还包括根据商品在卖场的位置，设计出尽量大的销售空间，以及卖场内灯光的设计等。目前，曾经在商场销售中发挥重要作用的橱窗的重要性有所衰减，现今强调的是整个卖场都要营造成为一个充满魅力的营销场所，整体的陈列和空间设计都要围绕营销的总体概念来实施。在进行卖场的商品配置规划时，实际上会碰到很多的问题。现就有关问题罗列如下。

1. 根据顾客需求设置卖场

时尚买手在对卖场的商品进行配置时，要对顾客的购物行为进行研究，可以先从顾客角度进行商品规划，因为无论选择哪种配置组合方式，其主要目的都是为了吸引顾客。通常做法是对几种分类方式进行综合考虑后，再进行分类次序的排列，从中找出最有利于营销的配置方案。

2. 根据不同销售目的进行配置

时尚买手可以将一个主要的分类方式排在首位,其他的分类方式依次列为第二、第三位。层次的分类法必须容易辨别,必要时用图形和文字辅助。如卖场中的性别分类,可以通过在卖场中设立指示牌和在货架上设立 POP,用 POP 上的图形和文字明确地告知顾客。

3. 根据品牌定位、商品特点及各阶段营销灵活调整

不同的品牌定位,顾客的购物取向排序也是不同的。如在内衣店,顾客可能先找到合适的尺码,然后再挑选款式、色彩和面料,最后才考虑价格。而在打折季节,价格就成为顾客首要考虑因素,而款式和色彩此时就成为第二个考虑因素。因此,时尚买手这时就必须对原有的配置陈列方式进行适当调整。

4. 配置分类层次简洁

太多的层次容易使顾客感到厌烦。分类配置要先大类再小类,先显眼的再不显眼的,这样做的目的就是要让顾客更容易辨别商品。色彩和造型是最容易被顾客识别到的,所以可以经常看到在许多卖场中把色彩分类和款式分类作为分类排序的实例,面料、功能、价格等往往被放在后面。分类的层次要简洁,如我们要在商场里买一条铅笔裙,首先要找到所喜欢的品牌,然后再寻找女装,再寻找铅笔裙。这种分类法,主要是让顾客以最简捷的方式搜索到所需物品,同时这种搜索方式也是被顾客认同的。搜索的层次也很少:服饰品牌→女装→铅笔裙,共三层就完成整个搜索。如果用其他分类方式也可以,但可能完成搜索层次比较多,搜索的方法比较模糊。

5. 配置规划要合理

商品配置必须要考虑商品原来的营销规划。例如,主推产品和辅助产品所占比例,各系列服装之间出样数的比例等。合理的比例配置有利于完善系列产品展示的整体形象,并且可以掌握销售节奏,突出主题和焦点,适度调整布局并把握销售趋向,最大限度地开发销售潜力(如图 4-28 所示)。

图 4-28　MARNI 的陈列设计

6. 考虑销售管理的便捷

例如,把开架式货柜上小饰品放在收银台的附近或收银台的玻璃柜中,一方面是考虑顾客在付款时可以引起二次购买行为,另一方面是方便管理,防止商品的丢失。

总之,卖场的商品配置规划是一项重要和细致的工作,我们只有掌握其规律,并在实践中不断摸索,才能找到一条更适合自己的品牌和不同销售阶段的科学的商品配置方式。

案例分析一

优衣库的视觉营销企划

日本服饰品牌优衣库(UNIQLO)在全球不景气的经济形势下以黑马之姿打入海外市场,跻身全球第四大、亚洲第一大平价服饰品牌行列,其产品热销全球并逐渐成为潮流的代名词。优衣库的成功发展与其优秀的经营理念密不可分,精准的产品定位、成本领先的 SPA(specialty retailer of private label apparel,自有品牌专业零零经营模式)战略模式、良好的营销运作态势以及视觉营销企划的运用是其成功的重要因素。表 4-4 对优衣库的经营理念与目标进行了总结。在视觉方面,对优衣库熟悉的顾客会发现,"简约、快速"的主题在店铺形象传递中无处不在,优衣库力求从视觉上吸引顾客眼球,提高消费欲望,增加购买数量,实现利润最大化。

表 4-4　优衣库的经营理念与目标

UNIQLO 的经营理念与目标		
定位	以合理可信的价格,提供任何时间、任何地点、任何人都可以穿着的、具备一定时尚性的高品质休闲服	高性价比
模式	降低成本,将生产和销售两大环节迅速合理的联系起来	低成本
服务	最大限度地考虑并分析顾客的需求,实现最高水准的顾客服务	自助服务
管理	为所有员工提供愉快轻松的工作环境,消除官僚主义,全体员工齐心协力,所有部门密切配合经营	精细管理
目标	将目标定位于营业额和收益的高度成长,最终成为世界一流的休闲服零售企业	利润率

优衣库根据精准的定位与目标,以"服装仓库型超级卖场"为核心的商业模式,并实施视觉营销策略体系(如表 4-5 所示)。优衣库通过时尚买手以及精细化管理的产业链,以小批多次的高频次产品生产,极大地缩短零售门店商品更新的间隔,最大化地实现应季商品的价值,提高了零售门店的坪效。

优衣库所采用的 SPA 战略模式是一种从商品策划、制造到

表4-5 优衣库的商业模型

研发中心	分别设立在东京、纽约、巴黎和米兰的研发中心、致力于收集最新的潮流动向、顾客需求、生活形态和面料使用等信息。确定每一季度的核心主题，开始设计工作，根据各国实际的市场需求，完成商品构成
店铺开发·设计	以为顾客提供方便快捷的优质店铺为目标，进行新店开发和店铺设计
商品企划(MD) 推广宣传(MK)	根据从全世界各国收集而来的最新信息，确定每一季度商品的核心概念，并以确定的概念为轴心，贯彻从商品战略的制定、商品企划、宣传推广、销售计划到店内陈列(VMD)的各个环节，根据男装、女装、童装、小物和内衣5大商品事业，实施品类空间管理
物流/库存管理	为把库存风险降至最低，适时调整价格变更的时机，提高库存管理的能力
面料企划	通过与世界各大面料供应商的直接沟通交涉，从而获取高品质的一流面料，能够以相对较低的价格展开销售，也为新面料的开发开辟新的方向
品质·生产进程管理(技术工匠)	
线上商店	

零售都整合起来的垂直整合型销售形式，能有效地将顾客和供应商联系起来，以满足消费者需求为首要目标，通过革新供货方法和供应链流程，实现对市场的快速反应。优衣库建立起SPA商业运作模式，摒弃了代理商、经销商，尽可能地减少中间环节，彻底实施低成本经营，店铺也采取仓储式、超市型的自选方式。并且，优衣库将营销重点放在商品策划和销售上，小批量生产多品种、流行性强的服装，缩短产品周期，降低库存风险，同时使产品一直保持在时尚尖端。

此外，优衣库投入物流配送、商品管理、库存控制、人员培训等方面建设管理并且处于先进状态，优衣库卖场形态以及先进的管理体系为其各个运营环节最大限度地节约了成本。通过彻底的标准化实现低成本操作，优衣库的终端店铺从大小、外观、货品配置到陈列方式，就连操作模式都是彻底的标准化。各个店铺的配货，都是依据总部的计划全自动式完成，以此将操作成本降到最低，如表4-6所示。

表4-6 优衣库的视觉营销系统

VMD系统：Visual Merchandising & Display

VP：Visual Presentation 视觉提案 ⇔ 形象识别 ⇔ To Whom?

PP：Point Presentation 重点提案 ⇔ 引导顾客购买 ⇔ What to Buy?

IP：Item Presentation 单品提案 ⇔ 方便顾客购买 ⇔ How to Buy?

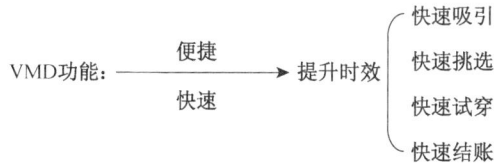

优衣库的服装多为基本款式，适合百搭，价位较低，产品实用性较强。其服装的陈列讲究以超级整理术突显仓储式陈列效果，不仅细致到每个货架的陈列高度，每一件衣服陈列在货架的对齐方式都有严苛的统一标准。虽然是极其简单的商品整理工作，但优衣库也要求店员做到极致。

各种商品搭配陈列，整齐的摆放和搁置货架台上，把模特置身于透明的圆桶内展示，完全展现"百搭"理念。在服装的搭配选择上，优衣库销售的服饰类型很多，不同的服饰之间都有密切的联系，优衣库积极利用不同服饰活动之间形成的协同优势。例如，在以外衣为主打的基础上，适当地配套一些休闲的内衣，又比如，在销售衣服的货架上，同时还有帽子、围巾、鞋袜等一系列的相关产品，使之形成一个有效的业务体系，主副业务相辅相成（如表4-7所示）。

优衣库根据产品特点和品牌风格，制定出有周期性、规律性的实施策略。每一次的卖场转换虽然主题和主打产品不同，但变换的规律一致，都是把重点产品放置到卖场中心，周围再摆放次主打产品，形成以卖场中心为重点，四周逐渐扩散的形态。规

表4-7 优衣库VMD陈列计划

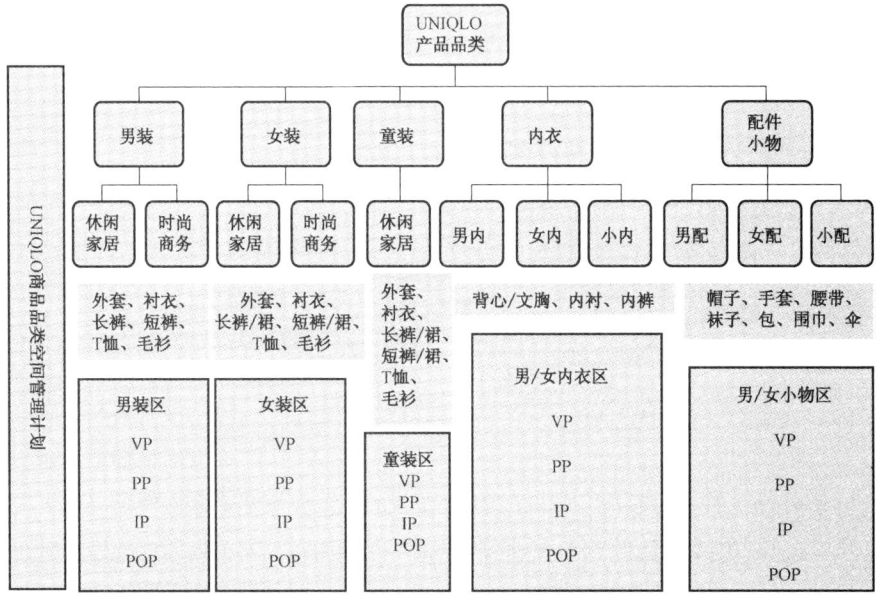

律性的布局不但有利于卖场人员的布置,还能让顾客在熟悉的场地感到焕然一新。优衣库主要通过以下三个方面进行卖场空间的管理:

(1) 将品类管理步骤与空间计划及品类目标相连接。

(2) 在整个门店或门店组范围内进行全面的品项排序。

(3) 自动提出空间分配建议。

VMD陈列计划又由VP、IP、PP三部分组成。VP主题陈列,即视觉主题的陈列展示。视觉主题是空间在某一时间所围绕展开的话题和题材,传达品牌的生活方式、品牌精神、搭配方式、流行趋势、销售主题、市场主题和实体货品等信息。视觉主题的商业表现形式包括品牌形象、广告形象、促销活动形象和橱窗创意设计等。在空间概念上统领全局,在第一空间传递最有价值的销售讯息。目标是视觉引人,刺激进店,强化品牌印象(如图4-29所示)。

图 4-29 优衣库 VP 的陈列设计

图 4-30 优衣库 PP 的陈列设计

PP是指重点提陈列,即针对重要的产品进行视觉的推荐。同一空间、同一时间可能存在众多的重点产品,故亦存在多个重点陈列点(如图4-31所示)。

图4-31 优衣库IP的陈列设计

（1）重点推荐的内容可以是一件产品,也可以是一套产品的组合。

（2）重点推荐的产品应与就近的产品相关联。

（3）重点推荐的产品应符合主动试穿原则。

IP是指单品陈列,满足顾客试穿或购买所需要的某件产品的容量陈列。IP与PP关联,一般包括PP展示的产品,同时展示同系列完整的货品内容(如图4-32所示)。

（1）提供完整的产品款色、尺码选择。

（2）在顾客方便拿取的区域提供完整的货品。

（3）在不方便拿取的区域进行储存规划。

图 4-32 优衣库 IP 和 PP 结合的陈列设计

优衣库的成功,还归功于其创新精神(如表 4-8 所示)。当然中国市场对优衣库来说,也有着不言而喻的地位。优衣库品牌创始人柳井正曾说过:"优衣库的成功有一半依靠中国人。"中国除了是优衣库最大的海外市场,还担负优衣库 90% 的生产任务,每年接近 6 亿件产品产自中国,同时有超过 50 万中国人为优衣库努力工作。

表 4-8 优衣库的创新精神

设计研发的创新	全球研发中心由 Jil Sender 担任设计总监。参与各种跨界合作
生产管理的创新	以生产质量管理为核心,远程实施质量管理
物流管理的创新	不断减少不必要环节,优化流程,扁平化管理,并实现电子系统管理

（续表）

市场营销的创新	不断开发新的媒体渠道和公共关系，制造社会话题和时尚潮流，打造品牌价值
零售运营模式的创新	VMD自动化管理系统、自助式服务模式、品类空间数据化管理
销售渠道的创新	积极开拓电子商务市场
企业文化的创新	企业文化不断跟随社会环境的变化而不断增加新鲜活力

图 4-33 至图 4-35 是优衣库的部分店铺形象。

图 4-33　优衣库 IP 创新陈列设计图一

图 4-34　优衣库 IP 创新陈列设计图二

图 4-35　优衣库 IP 创新陈列设计图三

在过去十几年间，优衣库已摸索出中国市场的生存法则，其正雄心勃勃地制定下一个目标：2020 年优衣库在中国的店铺数预计达到 1 000 家，成长业绩实现 5 倍的增长。虽然优衣库在中国的未来市场还有很多不确定的因素，但不管变数如何，如今的优衣库正靠着生存本能不断快速吞食中国市场。

案例分析二

Victoria's Secret：运用网络作为促销工具

今天，许多零售商在开发 360°全方位接近店铺和产品的方法，换句话说，顾客可以在任何时间、任何地点对它们触手可及。用网站来支持店铺的目录册，目录册又支持了店铺；反之，亦然。其目的在于开展与传统店铺无缝对接的在线以及目录册业务。这些战略举动让顾客更容易在自己最方便的时候连接到零售商并进行购物，在线网站的实施也给零售商提供了最好的促销工具。

Victoria's Secret 就实行了这种策略,近年来大获成功。在其网站初建时,该公司管理层有几个主要目标:第一个目标是最大限度地开拓所有分销渠道,包括零售店、目录册、直邮/电邮形式以及网站;第二个目标是开发新的商业机会,包括利用互联网进行突破性的市场活动,如网络直播。总之,网站设计是为了加强 Victoria's Secret 品牌现有的影响力,以及通过额外的渠道产生更多的销售。

当该公司管理层决定进军电子商务领域时,Victoria's Secret 名声显赫,管理层想在网络策略的实施中结合所有商业元素来向顾客展现始终如一的信息。例如,近期当网站上主推 Body by Victoria 文胸时,目录册和店铺橱窗也步调一致,管理层努力在三个平台上都采用统一的促销形象和品牌信息,从而传达给所有类型的顾客。对 Victoria's Secret 来说,网络成了非常成功的促销工具。公司通过网站收到了 100 多万个对目录册的新需求,而有超过 170 万名网站注册用户定期收到独家所有的特价及促销的最新消息。据该公司管理层介绍,网站最富有成效的促销方式是电子邮件,公司向网络购物者发放独家优惠,以最小的成本获得了相当大的效应。

该公司管理层还利用网络把秀场搬到了手提电脑上。Victoria's Secret 史无前例的网上直播时装发布会是件破天荒的事,活动当天有超过 100 万名访问者,而在发布会直播后的 30 天中有 200 万名访问者。仅仅在 Super Bowl 赛事中播放了一条电视广告,邀请消费者来观看内衣发布会的网络直播,观众就蜂拥而至。不过尽管此举获得成功,技术上的难题还是给一些顾客带来了不愉快的体验;许多顾客无法登录,已登录顾客看见的画面跳动不连贯。但是这次网络直播令该公司在网络上一举成名,也向其他零售商展示了传统促销与在线促销相结合的力量。

Victoria's Secret 在第一次网络直播完成后仅仅几天就开始策划第二次网络直播了,且在技术上进行了提高,从而使得超过两百万的观众观看了 2000 年 Victoria's Secret 戛纳时装发布会网络直播。据该公司领导介绍,流媒体能力有了很大的改善,从而使内容的传递更为流畅自如。2000 年,Victoria's Secret 时装发布会网络直播期间首次出现的另一突破性技术革新是"边看边买"的特色:当观众在浏览视窗左侧观看网络直播时,屏幕右侧出现的商品与模特正在展示的产品相同,购物者只需从这些网页上挑选出要购买的商品,轻轻点击并加入购物篮即可。在发布会结束后,顾客才开始结账,在这时她们需要指定颜色、尺码及数量。

Victoria's Secret 打算继续对每年的时装发布会进行网络直播,并将它作为其传统的一部分,即采用前沿科技向全世界的顾客推广这一品牌。时装发布会的网络直播已成为该公司促销策略的重要组成部分,他们会不断提高全球对该零售商的认知与热情,通过 victoriassecret.com 网站在美国以及全球市场中创造商机。

分析与运用

随着流媒体技术的提高,其越来越频繁地用于介绍时装发布会。比如,Victoria's Secret 举办的网络直播,时尚买手可以在他们的电脑上观看时装发布会,而不必亲临各城市现场。探讨一下时尚买手利用网络来观看流行商品的最新系列有什么利弊。

利用以下提纲,为你熟悉的一家零售企业完成一个促销计划。

(1) 描述要执行促销计划的这家零售店铺及其目标市场。

（2）设定促销计划的目标。

（3）列出要促销的商品。

（4）为促销计划制定预算。

（5）描述要在促销行动中采取的活动。

（6）制定活动的日程表(时间表)。

（7）制定责任表,指明安排谁来负责完成每个活动。

（8）讲讲将如何评估每个促销活动的结果,及其对店铺的好处。

模块五
时尚买手的
职业生涯

学习要点及目标

- 要求学习时尚买手的职业资格。
- 了解不同类型的时尚买手岗位需求。
- 了解时尚买手晋升结构。
- 提高面试应聘的能力。

正如服装市场上的所有职业一样,每个时尚买手的资格及职业生涯也不尽相同。虽然学历教育在竞争激烈的零售业中所起到的作用越来越大,但是要成为一个合格的时尚买手,相关的高等教育学历并不是最重要的,然而一个获得服装专业学士学位的时尚买手有可能会与一位历史专业的毕业生共同工作,更有甚者他们两个会受雇于一位学习成绩从未得过 A 的高级时尚买手。这些资深的时尚买手虽然不一定有高等教育学历,但是他们一定有多年相关的零售经验,他们从工作实践中学到的相关技能比获得一个学位需要的时间长得多。因此,招聘时尚买手的时候看重的是其对工作的热情、工作的经验而不仅仅是他们的学历。

和设计师相比,时尚买手会有更多的机会去出差购物,薪水也要高很多,这就使得时尚买手成为众多毕业生的理想职业。大多数的服装设计师受雇于服装生产商,但是随着 20 世纪 80 年代英国服装生产业的逐渐衰退,多数生产企业已经转移到了国外。然而,时尚买手在零售商的国内市场销售中仍保持着较高的需求量并且被希望开始承担产品设计工作,并与那些没有设计条件的国外生产商进行商业往来。相比其他行业服装业的员工流动性较大,许多时尚买手会在两三年之后更换工作,原因却是不尽相同的,如有更好的工作待遇或发展前景、成为猎头、人员过剩、体制问题等,但绝不是因为厌倦了时尚买手工作。

一、时尚买手的职业资格

(一)了解企业品牌定位与发展规划

时尚买手必须根据品牌定位及目标消费群的需求进行产品开发和采购,在满足消费者的同时为企业带来利润。对品牌服装企业来说,品牌形象、理念及内涵的传播要通过不同的产品形式、不同的主题故事进行传播,因此加强对品牌企业自身细致深入的了解成为时尚买手的首要工作内容。

(二)把握服装市场需求及流行信息

时尚买手应对服装流行趋势具有敏锐的洞察力、准确的判断力,这样才能确保买入的服装产品有良好的销售业绩,不会造成大量的库存积压;关注各种服装面辅料的最新信息,能对服装流行趋势作出有益判断。

(三)掌握服装专业知识

时尚买手应具有一定的专业知识,了解各种类型服装的生产过程、加工成本等。只有了解服装的生产过程才能与生产商共同控制服装产品质量、成本和交货期;了解加工成本可以科学地控制采买价格,扩大盈利空间。

(四)具有商业头脑且对数据敏感

时尚买手要善于捕捉市场动向,具备财务、统计等相关知识,能根据以往的销售数据制定下一季服装的销售种类与数量以及服装的产品比例;通过对销售报表的阅读与分析,决定未来的产品结构。

(五) 具备良好的协调能力和抗压性

时尚买手在品牌研发过程中需要与设计师、供应商、市场销售人员等各个部门协作,还要与生产商签约,良好的团队精神和谈判技巧是对时尚买手素质的基本要求。同时,时尚买手需要经常去海内外挑选商品、采集流行信息、进行采购谈判,因此要求能承受较大的工作压力。除此以外,时尚买手应通晓基本外语,这样能够扩大采买范围,而不仅仅局限于国内市场。

要想成为一名成功的时尚买手应具备以下技能:

(1) 对时尚具有较高的敏感度,热衷于时尚行业。

(2) 有一定判断力,对各种新鲜事物能接受并敢于尝试。

(3) 性格积极开朗,善于与人相处,具有对内、对外良好的沟通和协调能力。

(4) 有较强的主见,懂得"舍得论",需具备准确的谈判力和决策力。

(5) 有灵敏的商业头脑,能够准确制定商品的种类与数量,并且熟悉产品的原材料、制造工艺以及成本构成。

(6) 有时间观念,时间安排(日程计划)、时间控制能力强,具备快速反应素质。

(7) 善于对销售数据进行分析,对数字敏感,由此捕捉市场动向、揣测顾客心态。

(8) 能承受较强的工作环境和频繁出差的任务,精力充沛,善于自我调节。

(9) 善于自我管理和计划,具备独立工作能力和超前意识。

(10) 掌握基本的外语和商贸常识。

总之,时尚产业变化迅速,优秀的时尚买手具有出众的专业能力,勇于承担风险,并能承受较大工作压力。每次订货都是一场时尚对买手综合素质和能力的测试,当取得良好业绩和丰厚回报时,时尚装买手能体会到这是一项具有挑战和成就感的事业。

尽管职业资格和工作经验不是零售商雇佣员工时考虑的唯一因素,但却是使求职者从众多竞争者中脱颖而出的一个主要因素。可能你认为自己具有成为时尚买手的个人能力,但很明显,如果没有机会进入面试阶段,这一切都毫无意义。具有服装销售经验以及相关资格将会提高在求职过程中的胜出机会。如果你适合某个职位,即使你拥有的是其他行业的零售经验,也会帮你获得面试机会。即使你在上学期间有过3年的餐馆服务经验,也可以在简历或面试中强调你的相关技能,如交际能力、团队合作精神和组织能力等。当然,大部分零售商或代理商还是希望能在毕业生的简历上看到他曾经从事过服装零售的工作。许多学生为了加大毕业后的求职机会而选择课余打工以获得相关经验,即使他并不需要去打工来赚取学费。如果有机会选择工作,一定要选择那些信誉好的服装零售企业。他们通常给人一种主流零售商的印象,如销售著名设计师品牌的销售商或者是具有创新意识的大众市场零售商。与顾客的直接交流中积累下来的经验将会为你日后的时尚买手工作提供极富价值的帮助。大多数零售商会定期派时尚买手到商店进行访问,有时是在更衣室做助理,这样可以获得最直接的、第一手与顾客交流的资料。

二、不同类型的时尚买手岗位

目前,国内一部分品牌强调设计师风格,以设计为主导开发新款,而大部分品牌以市场为主导,通过采买样衣与设计师合作开发系列新款。品牌企业在设立时尚买手职位之前,首先应当明确企业品牌设计开发是以设计师为主,还是以市场抓款为主。

由此,根据品牌定位、不同地区的目标消费群进行货品的选购与运作。对品牌服装企业来说,要持续发展并不断提升品牌价值,必须注重产品开发能力和终端销售能力。因此,服装企业需要的时尚买手如第一模块所述,可分为若干类。在以服装品牌零售为主的企业组织结构中,有不同的时尚买手岗位。

1. 产品开发买手

产品开发买手即一般意义的时尚买手,如 ZARA，ONLY，ESPRIT 以及艾格产品部的买手都属这一类型。这些买手的工作岗位很大程度上与设计师类似,不同的是买手更多的是对市场流行变化趋势的客观反映,并将消费者的需求变化与流行要素相结合进行产品开发,制定销售计划并协助设计师完成系列新款开发。这种运作方式比较适合处于模仿和学习阶段的我国服装企业经营发展。同时,国内一些服装品牌企业的服装设计师开始向时尚买手转型。

2. 企业加盟买手

加盟买手的概念源自于加盟商品牌,加盟是服装零售行业中重要的营销渠道。对于服装品牌企业而言,要真正发挥加盟渠道的作用,必须培养加盟商买手。通过加盟商买手的培养和成长,能协助加盟商更好地了解企业每季、每一波段的系列产品,并根据本地市场的特色做好成衣货品计划和采购工作。由此,加盟买手能更好地满足本地区消费者的市场需求,并协助加盟连锁店提高市场业绩。

三、时尚买手的职业规划

在发达国家,时尚买手分工比较明确细化。在企业时尚买手团队中,有买手总管,下设助理买手、具体执行的买手等,每个岗位工作领域相对明晰。在我国,时尚买手是一种新兴的职业,岗位职责尚在完善过程中。多数时尚买手是从商品助理、设计、陈列、企划等相关岗位转型而来的,应届毕业生获得时尚买手职位的情况较少,从买手助理岗位上逐渐成长起来的较多。因此要想成为一名资深时尚买手必须循序渐进,经过多重磨炼。

虽然多数时尚买手是从基层做起的,但他们的职业前景相对其他职位更为广阔。那些能够顺利完成各项考核指标的时尚买手,会被提升担任部门经理;通过进一步努力,甚至能获得商品团队的总监甚至更高职位。国内服装零售业的时尚买手模式正逐渐步入正轨,助理买手、普通买手和买手总监等职务的级别渐渐细化,图5-1是典型的时尚买手晋升结构图。因此,要想最终成为一名资深时尚买手必须一步步地发展,从而完成每个阶段的晋升。除此之外,时尚买手的管理结构和工作职责还与公司规模有关,一些小型公司更多的是一种扁平式的管理结构,可能一位助理买手会直接晋升为时尚买手;而一些较大的公司可能会应用图5-1的这种管理模式。

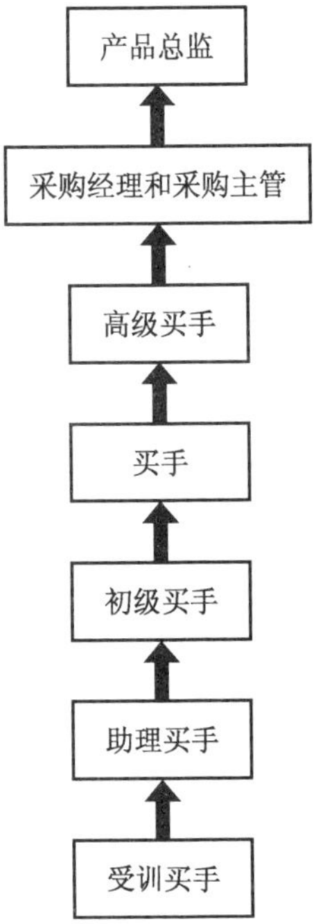

时尚买手与企业在今后的运作中,要从职业规划方面着手,对时尚买手行为加强培训与改进,使买手制企业获得更好的市场行为化制度,时尚买手个体获得更高的职业化素养。

图 5-1

四、时尚买手的求职方法

将时尚买手作为一个人的第一份工作是一件很难的事,你要不断地去尝试,要做好被拒绝的准备,还要将每次面试机会看作是宝贵经验的积累。谨记,如果你得到面试机会,那就意味着对方认为你的工作经验和能力能够胜任这份工作;如果你没有得到这个职位,那就说明你的竞争者更适合这份工作。即使没有得到这份工作,与公司人力资源部门或人事部门的交流也是非常有益的。在这一过程中,你可以向对方询问你的哪些方面还有待改进,如果想得到中肯的建议,就要以一种委婉的、积极的方式进行询问,同时还要做好被拒绝的心理准备,毕竟对方的工作非常繁忙,可能在面试中对你也会敷衍了事。服装界的招聘专家威尼斯·丹泽(Vanessa Denza)对那些面试后没得到公司回复的人建议:如果你没有收到简历或申请表的随信附件或者没有得到电话或书面通知,不要每天都给公司打电话询问;不要轻易下对方不予回复的结论,你要耐心等待一下,如果对方没有打给你,也不表示他们对你不感兴趣。

服装买手的招聘一般会在以下情况下出现:

(1) 媒体广告:服装领域的媒体、全国性或地方性报纸。

(2) 向公司写推荐信。

(3) 口头获知招聘信息。

(4) 内部职业空缺。

(5) 招聘代理机构。

有些招聘代理公司只针对服装市场这些公司,一般各有侧重,如采购、设计或毕业招聘。例如,英国大多数的英国服装招聘代理商位于伦敦,如 Denza International 公司,代理招聘服装产业所有相关职位,面向来自英国和海外的毕业生。同样在伦敦以外地区也有许多招聘代理公司,如曼彻斯特的 Ross Group 公司和诺丁汉的 People Marketing 公司,这些代理商通常会在 Drapers 上登出大量的职位招聘广告,一般只列出招聘工作名称、公司地址和薪水。这些广告中的招聘方一般会匿名刊出,避免其他公司直接获得相关信息,同样那些高收入公司并不希望被公之于众。招聘代理商会向招聘方而不是应聘者个人收取代理费用,公司会在招聘中投入一定费用。代理商会根据招聘结果进行收费,这样招聘顾问会强烈推荐申请人去公司应聘以期促成这笔交易。招聘方和代理商之间的费用协议一般对应聘者是保密的,如果双方同意试用一段时间,通常是由招聘方按被录用员工合同前签订的薪水中抽取一定比例支付给招聘代理商。

同时,招聘代理商更希望对那些亲自来求职或电话求职的应聘者进行面试,这样可以使代理商在非正式的面试中先期作出评价,同样也可以了解对方的技能和工作需求。一旦代理商有空缺职位时,他就会与应聘者取得联系,如果应聘者对该职位有兴趣的话,代理商便会将应聘者的详细资料寄给公司。因此在找工作时,应聘者最好能在几家代理商进行注册,从而增加工作机会。许多代理商会重点推荐要求有至少 3 年以上工作经验的职位,还有一些工作只要求行政能力。有些代理商会为毕业生提供初级职位。代理商也会利用猎头的方法直接与有相关经验的时尚买手进行联络来发掘合适的人选,即使有些时尚买手不想换工作,猎头也会向他们推荐这些职位,这样可以通过对几个候选人进行比较来减轻招聘顾问的工作量,而不用在大量的简历中找到合适人选。一些代理商会打电话给零售商,索取公司的时尚买手资料。为防止公司员工资料泄露,零售商秘书不会在没有得到允许的情况下将时尚买手的资料告知他人。互联网在招聘工作中也起到了重要作用,公司的网站会不断地更新信息,这样申请人就可以通过访问像"www.retailchoice.com"这样的网站来获得招聘信息。这家网站为申请者提供了大量的时尚买手和其他零售业的职位。一些特定的网站专门为服装专业毕业生提供招聘广告,这样世界各地的人都有机会得到相关招聘信息。

通过向你青睐的公司写推荐信也是找工作的一个可行之法。虽然这种方式会浪费一定的时间,但还是很值得去试一试的。同样,雇主也可以通过这种方式找到合适的人选,这样也能节省时间,同时也免去了发布招聘广告的成本。要想好你的目标,获得公司的相关信息,写好推荐信后,最好将信直接寄到人力资源部门,因为他们了解公司所有的空缺职位信息。如果你在简历或推荐信中说明了你所具备的工作技能,尤其是你有过时尚买手的工作经验,你就很可能得到面试机会,即使该公司目前不缺人手。在查找公司地址时,你可以通过以下方式得到:查找黄页目录、登录公司网站或阅读相关出版物。还有一种有效方式是询问公司商店的店员,他们会给你一份印有公司采购部门人员的名单。如果招聘代理公司没有登出招聘广告,你也可以邮寄一份推荐信并随信附上简历,同样也可以加大获得面试和工作职位的机会。

五、应聘面试技巧

招聘时尚买手的面试一般由面试小组组织进行。这个小组通常包括1名时尚买手或时尚买手经理和至少1名其他部门的员工,如另一产品系列的买手或人力资源部的人员。对于最佳候选人的面试一般分两个步骤:初试和复试。复试时面试小组的成员会有所变化。一些大型零售商会对这些刚毕业的申请人进行能力测试。这种测试一般在正式面试之前通过邮寄或在公司总部进行,内容包括文字能力、计算能力和产品知识的测验。许多零售商也会在面试之前对申请人进行心理测试。这种测试没有固定答案,但测试结果可以使招聘方全面了解申请人处理人际关系的能力。还有一部分招聘方会在面试阶段请毕业生参加几天的实践活动,这样招聘方可以在实际工作中了解申请人的个人能力,也为申请人提供展示个人才能尤其是团队合作能力的机会。

在面试时,并不意味着完全就听天由命了,还有许多方式可以使你面试成功,得到想要的工作。谨记,大多数的面试官也没受过相关面试训练,所以一旦你学会了面试技巧,你在面试时就会有一定的优势。下面列出了几种面试技巧,以供参考,有些学起来会很难,但记住其中几条也会对你有所帮助。

（1）适度地展现自己。

（2）首先要尽可能多了解公司，可以查看公司的网站、阅读相关文章和年报。

（3）思考一下可能会被问到的问题和合适的回答，最好先和朋友一起演练一下。

（4）多阅读时尚杂志，紧跟服装流行趋势。

（5）考虑招聘方会招聘具有何种技能和能力的人。

（6）面试前仔细读一下你的申请表和简历，记住自己所写的内容。

（7）面试前再次提醒自己一些会被问到的问题。

（8）积极思考，只有你具有潜力承担一项工作时，才能得到面试机会，所以要积极准备，这样你才有机会得到二次面试。

在面试中进行适度的自我展示也是非常有必要的。如果在面试中你的穿着过于前卫，那么招聘方便会认为你更有兴趣成为一名设计师，应聘时尚买手只是无奈的选择。相反，如果你穿着过时或过于刻板，招聘方便会认为你根本对时尚毫无感觉。你需要通过穿着告诉他们你有时尚感。如果你的穿着很正式，面试官就会认为你很商业化、比较有秩序，但这并不意味着需要穿套装，但是还是要尽量避免过于休闲的服装。在面试中的穿着显然取决于当前的流行趋势，建议你选择具有本季流行色和必备元素的服装。面试服装确实是你的一个资金投入，因为你的外表也会成为你获得工作机会的重要因素。在条件允许的前提下，购买一件既时尚又很便宜的服装（如果你买不起昂贵服装，借钱购买也是值得的，显然这笔投资在你工作后就可以赚回来）。在面试时还要注意到你的饰品、妆容和发型，力求给人一个良好的整体印象。

在面试结束时，你可以询问一些有关公司的问题，但不要指望能得到某些机密信息，如可以询问该公司的某款产品是否比另一款畅销。通常情况下对方也不会透露更多的细节,如目前的畅销款式。在面试中,无论你对问题的看法如何,都可以与面试官进行讨论,但不要过于激烈。同样,你在面试中要诚实,尤其是回答直接提问时,因为服装界也有一定的行规,不要觉得你可以瞒天过海,如不要把被辞退说成是主动辞职等;然而在交谈中,你也要有选择性地发表看法,避免显示你消极的一面,所以要不是被问及的话,就不要主动提及你的缺点。有些面试官会要求你谈谈你的优点、缺点,所以面试前也要对这些问题有所准备。在你计划好的回答中,要使你的优点越多越好,同时还要保证这些优点和能力与工作有密切关系,并举例说明。在谈及缺点时,要尽量以一种积极的方式进行交流,这样才可以显示出你是可以改正缺点的。如你可以这样回答"我的计算机水平一般但是为了能有所提高,我正在进行课外的相关学习。"面试时,要尽可能多地使用能表现自信的语言,如"我能"或"我将会"等,不要使用含混不清的表述语。

许多时尚买手都拥有服装相关专业的学位,但是从事时尚买手不是必须要学习过服装专业的知识。时尚买手要对时尚信息表现出较强的兴趣和敏感度,同时要具有交际能力以及团队合作和时间管理等能力。专业媒体上的广告、口头信息和时装招聘代理机构会提供大量的时尚买手招聘信息。

具有零售知识、了解时尚买手工作性质、精心准备面试的求职者一定能够胜出。

附录一　全球知名时尚买手店

巴黎"Colette"(柯莱特时尚店)

柯莱特时尚店由 Colette Roussaux 与 Sarah Lerfel（母女）在 1997 年创立于巴黎。最初，时尚店出售的是零星的小商品，而今天，无数品牌为了能挤进柯莱特时尚店而特地推出了只有在 Colette 才能买到的限量版。柯莱特时尚店作为时尚新概念的开创者，货品齐全，有来自时尚圈内外独一无二的货品，上至 High Fashion（高级时装）的设计师品牌，下至趣味的休闲装品牌，都会在店铺内销售（附图 1-1 所示）。

附图 1-1　巴黎"Colette"(柯莱特时尚店)橱窗

2008 年 9 月，装修一新的柯莱特时尚店较以前更为宽敞、舒适。店铺分 3 层，总面积达 700 平方米。底层以"街头"感觉定位：书籍、杂志、高科技产品、手表以及各种配饰陈列其中，同时还能看到一面 sneaker 墙，一间挂满各种品牌 T 恤的小屋以及 A Bathing Ape、Alife、Original Fake 等潮流品牌的迷你店中店。

二楼为服装专区（附图 1-2 所示），女装占主导，有部分男装。女装主要来自 Rodarte、Alexis Mabille、Peter Pilotto 等品牌,男装主要来自 Tom Ford、Michael Bastian、Lanvin 等品牌,陈列货品每周更换。珠宝、化妆品和配饰在这里也随处可见。此外,时尚店位于地下室的 Water Bar 则采用了与以前相比较为昏暗的灯光,深木色的地板、蓝色钢椅和 20 世纪 60 年代风格的壁纸,无不宣扬着柯莱特时尚店的一贯精神:Always getting better is our motto。

附图 1-2　巴黎"Colette"二楼为服装专区

宣传推广上,柯莱特时尚店主要通过与媒体知名人士、艺术家、设计师等的合作进行宣传,摄影师 Henry Diltz、艺术家 Ricky Powell 等都曾做客店铺,同时柯莱特时尚店还定期举办各类展览,附图 1-3 是柯莱特时尚店与 Coach 合作的 POP UP STORE。

附图 1-3　Colette 与 Coach 合作的 POP UP STORE

柯莱特时尚店可以说是第一家玩概念的小店。1997年成立至今，无数人劝店主Sarah开分店，可是她却说："柯莱特时尚店永远只有一家，因为这里的一切都在我的手边。"正因为店主的矜持，才让柯莱特时尚店显得如此独一无二。

10 Corso Como 概念店

10 Corso Como 的发展，是一种渐进式的蔓延：书店、画廊、商店、咖啡厅，甚至酒店，慢慢汇聚成一个完全以时尚品位为宗旨的视觉体验。10 Corso Como 的创办人卡拉·索珊尼（Carla Sozzani）与其姐姐弗兰卡·索珊尼（Franca Sozzani）驰骋意大利时尚界多年，是出名的时尚姐妹花。姐姐弗兰卡·索珊尼是时装圣经《VOGUE》意大利版的主编（1998年至今），而作为妹妹的卡拉·索珊尼也不甘落后，在未开设10 Corso Como 的时候，她曾于1987年担任《ELLE》意大利版的创办主编。19年前，卡拉·索珊尼以20万美元在偏离米兰市中心的一幢典型的米兰大宅内办了一间小画廊，后来又在画廊旁边开了一间书店。继画廊和书店开业后，1991年9月，她把楼下的旧车库改造成时装店，专营限量名牌产品、复古配饰、前卫家具。1998年，咖啡店开止，从庭园延伸至室内。虽然人潮如涌，店里的人浑身上下却又带有一点慵懒的悠闲。2003年，"3Rooms"酒店成立，以"A true home away from home"为主题，借此强调酒店的私密贴心环境。人们渐渐懂得，这是一间"Total Shopping"店，而店名就是其地址——10 Corso Como（Como大道10号）（附图1-4至附图1-5所示）。

作为概念店，10 Corso Como 提供的不仅是意式生活品位，同时也是展示全球视野的平台。这里集合了普通人与设计大腕儿，无需法则，无需特定路线，率性而逛。店内的陈设手法，不拘泥于形式，一如店主的个人风格："随意不失精致"，绝对比一般高级时尚名店来得平易近人。艺廊Gallery Carla Sozzani以展示艺术、摄影、设计为主,1990年开业至今,共办过180余次展览,让购物狂也能顺道在此吸收一点艺术气息(如图1-6所示)。

附图1-4　10 Corso Como 概念店

附图1-5　10 Corso Como 概念店陈列设计

附图 1-6　10 Corso Como 概念店中艺廊 Gallery Carla Sozzani

10 Corso Como 首家中国门店于 2013 年 9 月 13 日在上海静安寺一栋独立的四层小楼开张。上海店的面积达 2 500 平方米，由 Sozzani 的丈夫兼工作伙伴、美国艺术家 Kris Rubs 参与设计。

附录二 国际时尚流行网站

网　站　名	
http://www.style.com/	http://elemag.com
http://www.fashion.net	http://helly.com
http://elle.com	http://alo.com
http://www.fashion-planet.com	http://esprit.com
http://www.fashionmall.com	http://etnic.com
http://www.fashionngel.com	http://www.chanel.com
http://firstview.com	http://www.vogue.com
http://magazinetwork.com	http://fashion.org.cn
http://worldmedia.com	http://www.asos.com
http://fashion.sh.net	http://www.wgsn.com
http://clinique.com	http://yesite.com

附录三 时尚买手专业术语解析

1. SKU

SKU＝Stock Keeping Unit（库存量单位），即库存进出计量的单位；以服装为例可以是以件为单位。

2. KPI

关键绩效指标法（Key Performance Indicator，简称 KPI），它把对绩效的评估简化为对几个关键指标的考核，将关键指标当作评估标准，是把员工的绩效与关键指标作出比较的评估方法。

3. VMD/VM

我们一般把它叫作"视觉营销"或者"商品计划视觉化"。VMD 不仅仅涉及陈列、装饰、展示、销售的卖场问题，还涉及企业理念以及经营体系等重要"战略"，需要跨部门的专业知识和技能，并不是通常意义上我们狭义理解的"展示、陈列"，实际上，它应该是广义上"包含环境以及商品的店铺整体表现"。

4. VP 视觉陈列

VP 表达店铺卖场的整体印象，引导顾客进入店内卖场，注重情景氛围营造，强调主题。VP 是吸引顾客第一视线的重要演示空间，地点是橱窗、卖场入口、中岛展台、流水台等，具体由设计师、陈列师负责。

5. PP 售点陈列

PP 表达区域卖场的印象，引导顾客进入各专柜卖场深处，展示商品的特征和搭配，展示与实际销售商品的关联性。PP 是顾客进入店铺后视线主要集中的区域，是商品卖点的主要展示区域，地点是展柜、展架、模特、卖场柱体等。

6. IP 单品陈列

IP 的作用是将实际销售商品的分类、整理，以商品摆放为主,是清晰、易接触、易选择、易销售的陈列。IP是主要的储存空间,是顾客最后形成消费的必要触及的空间,也叫作容量区,地点是展柜、展架等。

7. 增长率

销售增长率＝(一个周期内)销售金额或数量÷
(上一周期)销售金额或数量－1

环比增长率＝(报告期－基期)÷基期×100％

8. 毛利率

销售毛利率＝实现毛利额÷实现销售额×100％。

9. 老顾客贡献率

如果一家店铺一年有50万元毛利。其中,老客户消费产生毛利40万元,新客户产生毛利10万元,那么这家店铺的老客户贡献率是80％,新客户贡献率是20％。

10. 品类支持率

品类支持率＝某品类销售数或金额÷全品类销售数或金额×100％

11. 动销比

动销比即动销率。

动销比＝(一个周期内)库存÷周期内日均销量

存销比的设置是否科学合理:一是决定了订单供货是否能够真正实现向订单生产延伸;二是企业是否能够真正做到适应市场、尊重市场,响应订单;三是在管理时,库存企业能否真正做到满足市场、不积压、不断档。

12. 动销率

动销率＝动销品项数÷库存品项数×100％

动销品项为本月实现销售的所有商品(去除不计毛利商品)

数量。库存金额为月度每天总库有库存的所有商品销售金额的平均值（吊牌零售额）。

13. 库销比

$$库销比 = （一个周期内）本期进货量 ÷ 期末库存$$

库销比是一个检测库存量是否合理的指标，如月库销比，年平均库销比等。计算方法是：

$$库销比 = 月库销比或月平均库存量 ÷ 月销售额年平均库销比$$
$$= 年平均库存量 ÷ 年销售额$$

比率高说明库存量过大，销售不畅，过低则可能是生产跟不上。

14. 存销比

$$存销比 = 月末库存 ÷ 月总销售$$

存销比是指在一个周期内，商品库存与周期内日均销量的比值，是用天数来反映商品即时库存状况的相对数。而更为精确的方法是使用日均库存和日均销售的数据来计算，从而反映当前的库存销售比例。越是畅销的商品，我们需要设置的存销比越小，这样就能更好地加快商品的周转效率；越是滞销的商品，存销比就越大。存销比一般按照月份来计算，计算单位可以是数量，也可以是金额。目前，企业多用数量来计算。比如这个月末的库存是 900 件，而这个月总计销售了 300 件，则本月的存销比为 900÷300＝3。笔者以为，以金额来计算比较合理，毕竟库存在财务报表上是以金额的形式存在的。

15. 售罄率

$$售罄率 = （一个周期内）销售件数 ÷ 进货件数$$

畅销的产品是不需要促销的，只有滞销的产品才需要促销。滞销产品可通过售罄率来确定。一般而言，服装的销售生命周期为 3 个月；如果在 3 个月内，不是因为季节、天气等原因，衣服的售罄率低于 60%，则大致可判断此产品的销售是有问题的，当然也不必等到 3 个月后才可以确定。一般而言，3 个月内，第一个月尺码、配色齐全，售罄率会为 40%～50%；第二个月约为 20%～25%。第三个月因为断码等原因，售罄率只会有 5%～10%。当第一个月的售罄率大大低于 40% 时，且无其他原因时，就有必要特别关注，加强陈列或进行推广了。

16. 盈亏平衡点

按实物单位计算：

$$盈亏平衡点 = 固定成本 \div (单位产品销售收入 - 单位产品变动成本)$$

按金额计算：

$$盈亏平衡点 = 固定成本 \div (1 - 变动成本 \div 销售收入)$$
$$= 固定成本 \div 贡献毛率$$

盈亏平衡点（简称 BEP）又称零利润点、保本点、盈亏临界点、损益分歧点、收益转折点。它通常是指全部销售收入等于全部成本时（销售收入线与总成本线的交点）的产量。以盈亏平衡点为界限，当销售收入高于盈亏平衡点时企业盈利；反之，企业就亏损。盈亏平衡点可以用销售量来表示，即盈亏平衡点的销售量；也可以用销售额来表示，即盈亏平衡点的销售额。

17. 波段

波段是服装企业在店铺上新货的批次。一般人会认为，春、夏、秋、冬四个季节就是天然的上货波段，如果品牌在全国各地有多家店，就要结合当地的气温变化上货。

18. 库存周转率

$$库存周转率 = (一个周期内) 销售货品成本 \div 存货成本$$
$$库存天数 = 365 天 \div 商品周转率$$

库存周转率侧重于反映企业存货销售的速度，它对于研判特定企业流动资金的运用及流转状况很有帮助。其经济含义是反映企业存货在1年之内周转的次数。从理论上说,存货周转次数越高,企业的流动资产管理水平及产品销售情况也就越好。

19. 平效

$$平效 = 销售业绩 \div 店铺面积$$

平效是指终端卖场1平方米的效率,一般是作为评估卖场实力的一个重要标准。

20. 交叉比率

$$交叉比率 = 毛利率 \times 周转率$$

交叉比率通常以每季为计算周期,交叉比率低的是优先淘汰商品。交叉比率数值愈大愈好,因它同时兼顾商品的毛利率及周转率,其数值愈大,表示毛利率高且周转又快。

21. 季节指数法

$$季节指数 = (每月实际业绩 \div 同期累计业绩) \times 100\%$$

季节指数法是以时间序列含有季节性周期变动的特征,计算描述该变动的季节变动指数的方法。统计中的季节指数预测法就是根据时间序列中的数据资料所呈现的季节变动规律性,对预测目标未来状况作出预测的方法。掌握了季节变动规律,就可以利用它来对季节性的商品进行市场需求量的预测。利用季节指数预测法进行预测时,时间序列的时间单位或是季,或是月,变动循环周期为4季或是12个月。

22. 连带率

连带率＝销售总数量÷销售小票数量(低于1.3说明整体附加存在严重问题)
个人销售连带率＝个人销售总数量÷个人小票总量

(低于1.3说明个人附加存在问题)

销售总数量除以销售小票数量得出的比值就称作连带率。

23. 客单价

$$客单价＝销售金额÷成交笔数$$

客单价是指店铺每一个顾客平均购买商品的金额,也即是平均交易金额。

参 考 文 献

[1] 穆芸,潘力.服装设计师教程[M].上海:中国纺织出版社,2014.

[2] [美]理查德·克劳菲特.零售买手操典——从基础到时尚[M].上海:东华大学出版社,2015.

[3] 韩阳.卖场陈列设计[M].上海:中国纺织出版社,2006.

[4] [英]海伦·戈沃瑞克.时尚买手[M].上海:中国纺织出版社,2009.

[5] [美]杰·戴孟德.时尚买手实务[M].上海:中国纺织出版社,2016.

[6] [英]托尼·摩根.视觉营销:橱窗与店面陈列设计[M].上海:中国纺织出版社,2014.

[7] 杨以雄.服装买手实务[M].上海:东华大学出版社,2014.

[8] 王国文,赵海然,佟文立.供应链管理之采购流程与战略[M].北京:企业管理出版社,2006.

[9] 赵继新.采购管理[M].北京:高等教育出版社,2006.

[10] [日]栖崎雄之.图解店铺的规划和设计[M].冯乃谦,译.北京:科学出版社,1996.

[11] [英]布莱恩·芳森.空间的语言[M].杨青娟,等译.北京:中国建筑出版社,2003.

[12] 吴飞.店铺陈列[M].北京:中国纺织出版社,2004.

[13] 马大力.视觉营销[M].北京:中国纺织出版社,2003.

[14] 赵海频,林思涛.现代商业展示设计[M].上海:上海人民美术出版社,2002.

[15] 黄元庆.服装色彩学[M].北京:中国纺织出版社,2000.

[16] 李俊.服装商品企划学[M].北京:中国纺织出版社,2005.

[17] 杨以雄,富泽修身,等.21世纪的服装产业[M].上海:东华大学出版社,2006.

[18] [美]杰·戴孟德,杰拉德·皮特.服饰零售采购——买手实务[M].北京:中国纺织出版社,2007.

[19] 王士如,高彩凤,韩贤军,等.服装企业买手模式[M].北京:中国纺织出版社,2005.

[20] 申香英.服装买手:于市场与设计之间游走——访伦敦艺术大学专家 Mr. James Clark 教授[J].纺织服装周刊,2005:54-55.

[21] 万艳敏,李黎,郑宇林.服装营销战略·设计·运作[M].上海:中国纺织大学出版社,2001.

[22] 沈剑剑.服装企业库存管理的实证研究[D].东华大学硕士学位论文,2003(12):76-77.

[23] 李亚男.中国"服装买收"如何成长[J].当代工人(精品版),2009.

[24] 赵继新.采购管理[M].北京:高等教育出版社,2006.

[25] 肖利华,佟仁城,韩永生.科学运营——打造以品牌为核心的快速供应链[M].北京:中国经济出版社,2008.

[26] 姚晓云.百货公司买手在英国[J].店长,2010.

[27] 孙小丽.我国职业资格认证制度的问题、对策与趋势[J].职业教育研究,2007(10).

[28] 朱俐,郭建南,杜华伟.国内服装行业如何把握好视觉营销策略[J].丝绸,2006(8).

[29] 杨以雄.服装市场营销[M].上海:东华大学出版社,2004.

[30] Michelle Goodman. Sidira Sisich, Macy's Buyer for Juniors. NWjobs. com.

[31] 埃森哲和中国科学院. 创建繁荣宜居的中国城市:新资源经济型城市指数报告[R]. 2013.

[32] 艾瑞咨询. 美国在线零售销售额至2017年将达3 700亿美元[EB]. Forrester 研究公司,2013.